中国高铁出版工程——科普系列

筑梦超级高铁

编 著 胡启洲

西南交通大学出版社
·成 都·

图书在版编目（CIP）数据

筑梦超级高铁 / 胡启洲编著. —成都：西南交通大学出版社，2021.3
（中国高铁出版工程. 科普系列）
ISBN 978-7-5643-7854-7

Ⅰ. ①筑… Ⅱ. ①胡… Ⅲ. ①高速铁路 – 研究 Ⅳ. ①U238

中国版本图书馆 CIP 数据核字（2020）第 244601 号

中国高铁出版工程——科普系列
Zhumeng Chaoji Gaotie

筑梦超级高铁

编　著　胡启洲

出 版 人	王建琼
策 划 编 辑	黄庆斌　周　杨
责 任 编 辑	李　伟
封 面 设 计	曹天擎
出 版 发 行	西南交通大学出版社 （四川省成都市二环路北一段 111 号 西南交通大学创新大厦 21 楼）
发行部电话	028-87600564　028-87600533
邮 政 编 码	610031
网　　　址	http://www.xnjdcbs.com
印　　　刷	四川煤田地质制图印刷厂
成 品 尺 寸	170 mm × 230 mm
印　　　张	8.5
字　　　数	125 千
版　　　次	2021 年 3 月第 1 版
印　　　次	2021 年 3 月第 1 次
书　　　号	ISBN 978-7-5643-7854-7
定　　　价	39.00 元

图书如有印装质量问题　本社负责退换
版权所有　盗版必究　举报电话：028-87600562

前 言

超级高铁（Super-speed Railway）是一种以"真空管道运输"（Evacuated Tube Transport）为理论而设计的交通工具，具有超高速、低能耗、噪声小、无振动、无污染、安全舒适的特点。超级高铁有可能是继汽车、轮船、火车和飞机之后的新一代交通运输工具，即第五种交通工具。本书在对超级高铁系统相关术语界定的基础上，分析超级高铁系统的运营原理、系统架构、属性特征，探讨超级高铁系统的可行性，并解析超级高铁环境下的全球一体化问题。

超级高铁系统带来的对传统轨道交通设计理念的冲击，是对轨道交通科技的提升，也是对空气动力学知识的一次检验。超级高铁系统的过度超前，使其面临着诸多争议，但科技是不断进步的，在不远的将来，超级高铁的构想将不再是天方夜谭，而是可以成为付诸实践的交通工具。本书由高速铁路科学研究所胡启洲团队创作，团队成员主要有卞立双、姚泽宇、耿灿欣、岳民、曾爱然、谈敏佳、李晓菡、林娟娟、周浩、吴翊凯、邓洁仪、马超、宋阳等。

"悬壶济世、普照苍生"，普及大众是我们每个人的最高境界。本书部分图片和内容来自网络，由于无法找到源头，在此向原作者及相关人员表示感谢和敬意。本书在编写过程中得到了各界同仁的无私帮助，在此表示衷心感谢。本书作为科普读物，语言通俗、图文并茂、简单易懂，适合高铁爱好者阅读，也可以作为科研工作者、工程技术人员、管理工作者、大专院校师生的读物。

由于编者水平有限，书中难免有疏漏和不当之处，敬请读者赐教批评。

编 者

2020 年 1 月

目 录

1 绪 论 ·· 1
   1.1 超级高铁的系统研究 ···························· 5
   1.2 超级高铁的技术特性 ···························· 13
   1.3 超级高铁存在的问题 ···························· 20
   1.4 超级高铁的研发预判 ···························· 22
   1.5 小 结 ·· 23

2 超级高铁的基本概况 ································ 25
   2.1 超级高铁的发展历程 ···························· 26
   2.2 超级高铁的相关概念 ···························· 33
   2.3 小 结 ·· 40

3 超级高铁的基本原理 ································ 41
   3.1 超级高铁的系统原理 ···························· 41
   3.2 超级列车的基本原理 ···························· 43
   3.3 超级站点的基本原理 ···························· 45
   3.4 超级线路的基本原理 ···························· 49
   3.5 小 结 ·· 50

4 超级高铁的系统架构 ································ 51
   4.1 超级高铁的系统组成 ···························· 51
   4.2 超级列车的组织架构 ···························· 52
   4.3 超级站点的组织架构 ···························· 59
   4.4 超级线路的组织架构 ···························· 61
   4.5 小 结 ·· 67

5 超级高铁的属性特征 ………………………………… 68
5.1 超级高铁的基本属性 …………………………… 68
5.2 超级高铁的系统特征 …………………………… 71
5.3 小　结 …………………………………………… 90

6 超级高铁的发展态势 ………………………………… 91
6.1 超级高铁的优越性 ……………………………… 91
6.2 超级高铁的发展愿景 …………………………… 102
6.3 小　结 …………………………………………… 111

7 超级高铁的案例研究 ………………………………… 113
7.1 美国超级高铁的案例研究 ……………………… 113
7.2 中国超级高铁的案例研究 ……………………… 118
7.3 俄罗斯超级高铁的案例研究 …………………… 121
7.4 法国超级高铁的案例研究 ……………………… 122
7.5 小　结 …………………………………………… 125

参考文献 ………………………………………………… 126

1 绪 论

1964年10月1日,世界上第一条高速铁路在日本开通运营,标志着高速铁路的诞生(图1.1为日本高速列车)。从1964年开始,世界范围内掀起了第一轮"高铁热",但由于技术层面的问题,高速铁路没有得到大力发展,而且其运营速度低于300 km/h。

图1.1 日本高速列车

1981年9月27日,法国第一条巴黎至里昂高速铁路正式运营(图1.2为法国高速列车),世界范围内掀起了第二轮"高铁热",但由于当时世界各国经济不景气,特别是发展中国家经济能力有限,高速铁路只在经济发达的国家进行了建设和运营。

图1.2 法国高速列车

筑梦超级高铁

1991年6月2日,德国第一条曼海姆至斯图加特高速铁路正式运营(图1.3为德国高速列车),世界范围内掀起了第三轮"高铁热",但由于1998年德国的重大高铁事故,基于安全考虑,世界各国对高速铁路持观望态度,并没有大力推进和建设。

图1.3 德国高速列车

2008年8月1日,设计速度350 km/h的中国京津城际铁路开通运营,标志着中国进入了高铁时代(图1.4为中国高速列车),世界范围内掀起了第四轮"高铁热"。由于中国高速铁路的快速发展,高速铁路技术变得成熟、经济、适用、可靠,高速铁路在世界范围内开始快速发展。

图1.4 中国高速列车

时至今日,欧洲拥有高速铁路的9个国家计划投资2 000亿美元,使总长7 000 km的高速铁路延长到1.6万千米。另外,日本已经启动了磁悬浮中央新干线建设项目,在这条连接东京和大阪的高速铁路上,列车速度达 550 km/h,届时将成为世界上运行速度最快的铁路干线。而中国高速铁路的发展是从无到有,从追寻者到领跑者,建设规模与速度均走在世界前列。到 2022 年年底,中国高铁运营里程将达到 4.4 万千米,中国大部分人可以通过高速铁路出行(见图 1.5),世界进入了"高铁时代"。而明天呢?明天也许是超级高铁的天下。

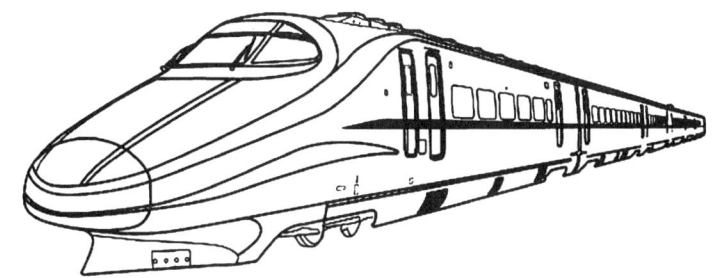

图 1.5 轮轨高铁

超级高铁是一种以"真空管道运输"为理论而设计的交通工具(见图 1.6),具有超高速、低能耗、噪声小、无振动、无污染、安全舒适的特点。

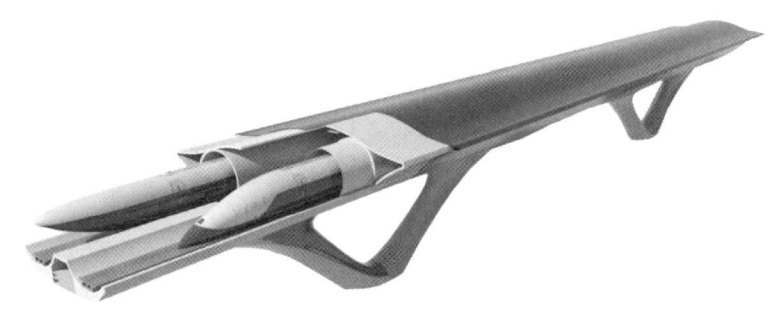

图 1.6 超级高铁系统

人类对高速交通工具的追求从未停止,如何制造出更快捷、更安全、更节能、更舒适、更环保的交通工具,已成为人类孜孜以求的目标。超级高铁有可能是继汽车、轮船、火车和飞机之后的新一代交通运输工具,即第五种交通运输工具。由于第五种交通运输工具比常规高铁(高速铁路运营速度小于 500 km/h，称为常规高铁）运行速度快（见图1.7），所以又把第五种交通运输工具称为超级高铁。

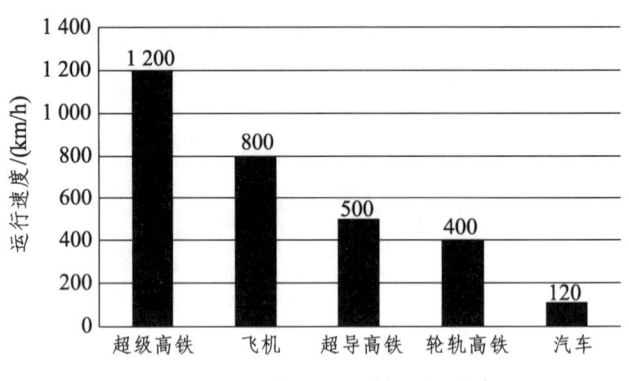

图1.7　不同交通工具的运行速度

超级高铁处于全封闭的真空系统中，对复杂天气具有免疫功能，并使用太阳能作为驱动力，具有超高速、低能耗、噪声小、污染小、安全、环保的特点。目前，国内外学者对超级高铁进行了相关研究。1904年，美国学者罗伯特·戴维（Robert David）就提出了"真空管道运输"的设想，这是人类第一次考虑没有空气阻力时提出的交通运营问题；1922年，德国工程师赫尔曼·肯培尔（Herman Kener）提出了磁浮列车概念，他认为在真空管道中可以实现磁浮列车速度1 000 km/h以上的目标值，而且可以实现长距离运营；1985年，美国工程师达里尔·奥斯特（Daryl Oster）研究了"真空管道运输"的可行性，他认为真空管道可以进行点对点传送；1992年，美国学者霍恩·戴维（Hone David）认为在真空状态下，运行的交通工具速度可以达到6 500 km/h，甚至可以达到20 000 km/h；2004年，我国西南交通大学多位学者研究了真空管道系统动力学问题，从理论上完善了真空管道的动力学问题；2013年，美国电动汽车公司（American Electric Vehicle Company）CEO 埃隆·马斯克（Elon Musk）对"真空运输"这一概念进行了完善，提出了"超级高铁"的理念，他提出的"超级高铁"预期速度为1 200 km/h，接近音速。因为1 200 km/h 这一速度将是现在最快的高速列车运行速度（300～

400 km/h）的 3~4 倍，是飞机飞行速度（600~800 km/h）的 2 倍。所以，"超级高铁"这种交通工具一旦研发成功，可能成为目前人类最快的交通工具。超级高铁系统为人类发展带来了新突破，实现了超级高铁环境下的"地球村"。

超级高铁概念中最核心的理念就是高速行驶，在超级高铁系统的设计中，将利用低压管内的浮舱以 1 200 km/h 以上的速度运送旅客，达到又快又高效的目的。超级高铁有没有实现的可能性？中国工程院院士王梦恕提出了两个问题：第一，电压的"真空击穿"现象如何解决？第二，如何确保列车内部的人类大气环境？而中国两院院士沈志云认为，技术上应该没有太大问题，关键还是经济可行性问题。

1.1 超级高铁的系统研究

超级高铁系统是一种以"真空管道运输"为理论而设计的交通运输系统，这种交通运输系统将一系列"真空管道"连接起来，构成整个运输线路系统，可以让乘客在数分钟内就能从甲地到达乙地，如图 1.8 所示。

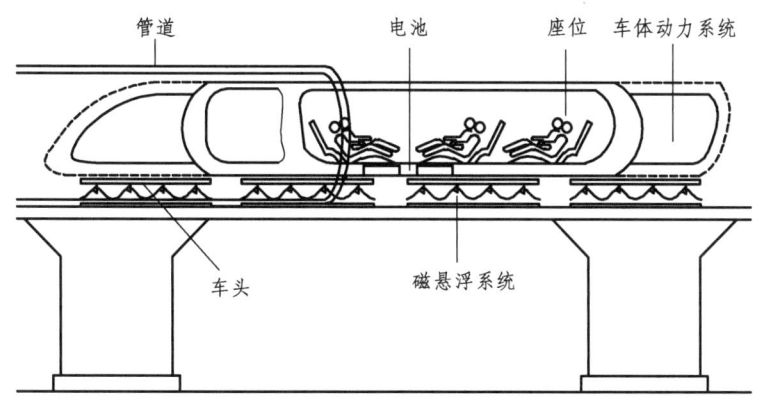

图 1.8 超级高铁系统架构

超级高铁系统作为交通运输系统：一方面，超级高铁系统作为交通工具方便了乘客出行、节省了出行时间、提高了运输效率；另一方面，超级高铁系统是一种在真空管道中运行的超级列车，属于真空管道磁悬浮列车，超级列车在密闭的真空管道内行驶（见图1.9），不受空气阻力、摩擦等影响，特别是不受自然环境影响（如大风、暴雨、泥石流、低温等）。超级列车速度可实现1 000～20 000 km/h，达到了飞机飞行速度的数倍，是一种理想的交通方式。那如何才能让超级高铁系统达到甚至超过飞机的速度呢？其中一条途径是为超级高铁模拟一个合适的环境，让超级高铁在这个模拟的环境中运行。因此，在超级高铁系统中建设一根管道，将里面的空气排出去，这样就没有了空气阻力。如果超级高铁的运行环境为真空，理论速度就可以达到20 000 km/h；当然这样做难度太大了，如果超级高铁系统模拟环境为0.1个大气压，那运行速度至少也可以达到1 000 km/h。

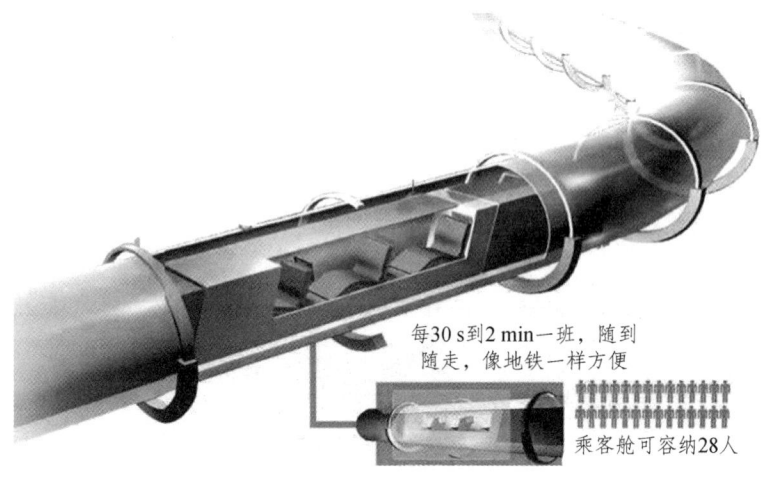

图1.9 超级高铁系统概念图

1.1.1 速度与空气的耦合关系

在稠密的地表大气层中，高速交通工具在运行过程中都会受到摩擦

(包括接触摩擦和空气摩擦，主要是空气摩擦)的影响。地表交通工具的最高速度在 500 km/h 左右，而理论上管道运输系统最高速度能够达到 20 000 km/h。如果高铁速度超过 300 km/h，其主要阻力就是空气阻力；而达到 400 km/h 时，空气阻力就超过全部阻力的 90%；达到 500 km/h 时，空气阻力就超过全部阻力的 99%。常规高铁的运行速度超不过飞机的飞行速度，其主要原因是常规高铁遇到的地表空气阻力远远大于飞机遇到的空中空气阻力。所以，交通工具的运行速度与空气阻力有关，空气阻力越大，交通工具的运行速度越小（见图 1.10）。

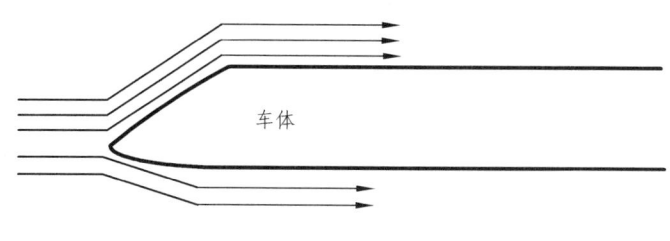

图 1.10 列车受到的空气阻力

1. 地表速度与空气阻力的耦合关系

当交通工具在地面运行时，面对的是 1 个大气压，常规高铁与汽车、轮船、普通火车等交通工具相比，是地表的速度王者，运营速度极限是 400 km/h，当然也可以达到 486.1 km/h（2010 年 10 月 3 日中国常规高铁运行最高速度）、574.8 km/h（2007 年 4 月 3 日法国常规高铁运行最高速度），甚至 603 km/h（2015 年 4 月 21 日日本磁悬浮列车最高速度），但这些速度不是正常运营的经济速度，而是各国的实验速度。根据最新研究成果，地面常规轮轨式高铁正常运营的最高经济速度为 400 km/h，而地面常规磁浮式高铁正常运营的最高经济速度为 500 km/h。由于地表空气阻力的作用，无论哪种交通工具，最快的经济速度都不能超过 500 km/h。不同距离下的最佳运营速度见表 1.1。

表 1.1　不同距离下的最佳运营速度

序号	距离/km	运营速度/(km/h)	交通工具
1	<200	200	动车组
2	200~400	400	常规高铁（轮轨）
2	400~600	500	常规高铁（磁悬浮）
3	600~1 500	1 200	超级高铁
4	1 500~10 000	2 000	超级高铁
5	10 000~20 000	6 500	超级高铁
6	>20 000	20 000	超级高铁

2. 空中速度与空气阻力的耦合关系

不同的高度，空气密度不同，因此不同高度空气阻力也不一样，而这种空气阻力也和大气压力（也叫大气压）有关。因此，不同大气压下交通工具的运营速度也不一样。根据现有研究成果，不同大气压下的最佳运营速度值见表 1.2。

表 1.2　不同大气压下的最佳运营速度值

序号	高度/m	大气压/个	飞行速度/(km/h)	超级高铁运营速度/(km/h)
1	<1 000	1	400~500	<500
2	1 000~4 000	0.8~1	500~600	500~1 200
2	4 000~10 000	0.5~0.8	600~800	500~1 200
3	10 000~12 000	0.2~0.5	800~1 000	1 200~2 000
4	12 000~15 000	0.05~0.2	1 000~2 000	1 200~2 000
5	15 000~20 000	0~0.05	2 000~10 000	2 000~20 000
6	>20 000	0	>10 000	>20 000

通过表 1.1 和表 1.2 对地表和空中的空气阻力分析：空气越稀薄，空气阻力就越小，交通工具的运营速度就越大。因此，如果建设一根管道，将里面的空气排出去，管道里面是真空，这样交通工具运行就没有空气阻

力,其速度就可以达到 6 500 km/h,甚至更高;即使管道里面有少许空气,只要小于 0.1 个大气压,交通工具速度也可以达到 1 000 km/h。

1.1.2 超级高铁系统相关理论

在地表稠密的大气层中,交通工具运行时受到接触摩擦和空气摩擦的影响,而限制交通工具运行的主要因素是空气摩擦,即空气阻力。如何提升速度?只有降低摩擦,减少阻力。一方面,针对接触摩擦,超级高铁系统本质上是利用磁铁提供的推力,依靠压缩空气提供升力,超级高铁系统不会有"车轮和轨道"之间产生的摩擦阻力;另一方面,针对空气摩擦,超级高铁系统要达到目标速度,行驶的管道内要保持低压,以减小超级列车与空气之间的阻力(见图 1.11)。

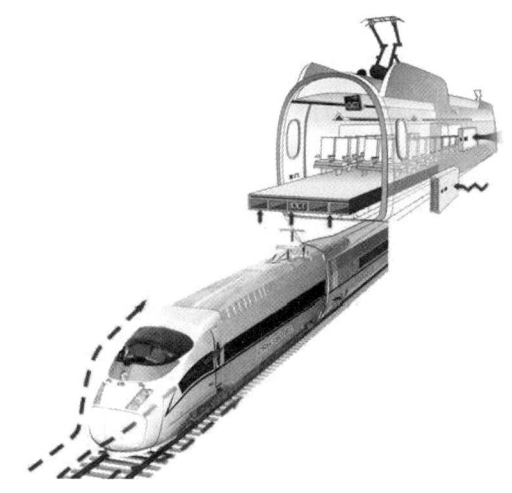

图 1.11 列车运行阻力

1. 设计原理:空气阻力问题

超级高铁系统运行的管道,可以建成一个密闭管道。管道里面的空气可以排出,将运行管道变成真空或部分真空。这样超级高铁在没有空气阻力的密闭管道中运行,其运行阻力会大大降低,同时能耗也大大降低,气动噪声和超级列车振动也大大降低,见图 1.12。

筑梦超级高铁

图 1.12　真空运行系统

2. 设计原理：接触摩擦问题

超级高铁运行的摩擦阻力，来自空气摩擦和接触摩擦。超级高铁除了消除空气摩擦带来的阻力，另一大亮点是悬浮技术。悬浮技术要解决的正是接触摩擦的问题，利用磁悬浮技术使运载工具在真空管道中无接触、无摩擦地运行，达到点对点的传送运输，这样就不存在接触摩擦问题，见图 1.13。

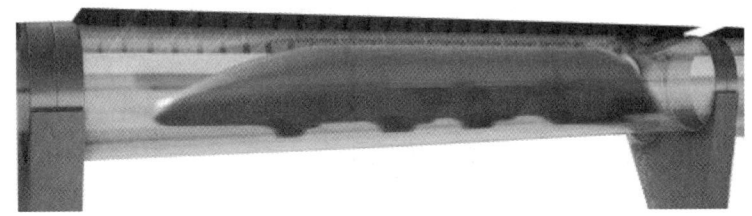

图 1.13　无摩擦运行系统

3. 设计原理：动力促动问题

超级高铁系统可以采用自供电设计。根据美国专家埃隆·马斯克的研究，在运输管道上部铺设太阳能电池板，就能够产生足够的电能以维持其正常运行。超级高铁系统在运输管道上装上太阳能电池板后，获得的能量将满足整个系统的能耗，并且在超级高铁系统中增设存储能量的设施，把多余的能量储存起来，以供超级高铁系统应急时应用，见图 1.14。

图 1.14 超级高铁的太阳能管道系统

因此,理论上建造超级高铁系统非常简单。首先,只要从封闭环境中抽掉空气,从而形成真空环境;其次,消除摩擦,使运载工具悬浮在管道内,这样就可以用很小的能量推动运载工具高速前进;最后,在太阳能的促动下,超级高铁在真空管道中就可以快速运行。

1.1.3 超级高铁的定义

超级高铁系统是建造一根与外部隔绝的管道,将管道抽为真空后,在其中运行磁悬浮列车等交通工具,运载工具(即超级列车)处于一个几乎没有摩擦力的环境中,利用低压管内的浮舱以 1 200 km/h 的速度运送旅客。从现有几种交通运输方式(轨道、航空、水路、道路、管道等)特征来看,超级高铁具有这几种交通工具的部分特征,即:

特征一:基于管道交通的超级高铁系统特征。超级高铁系统在管道中快速运输,具有管道交通的一些特征。

特征二:基于轨道交通的超级高铁系统特征。超级高铁系统使用的是磁悬浮技术,具有轨道交通的一些特征。

特征三:基于道路交通的超级高铁系统特征。超级高铁系统的运输能力相当于公共汽车的运输能力,具有道路交通的一些特征。

特征四：基于航空交通的超级高铁系统特征。超级高铁系统的运行速度和飞机的飞行速度差不多，运行速度上具有航空交通的一些特征。

特征五：基于水上交通的超级高铁系统特征。超级列车在空中飘浮，其运行原理具有水运交通的一些特征。

因此，超级高铁系统是集五种交通方式特征于一体的新型交通工具，见图1.15。

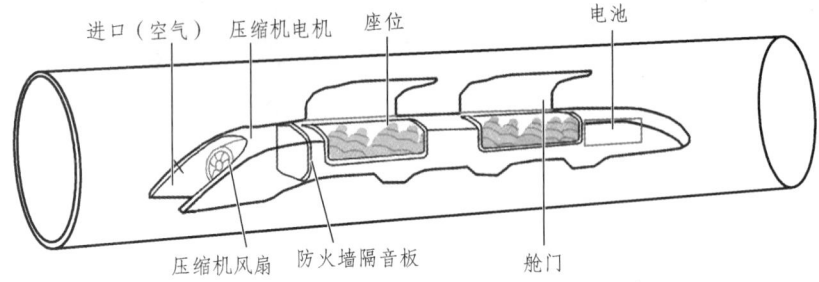

图 1.15　超级高铁系统的运行示意图

1. 超级列车

超级高铁是利用"真空管道运输"的概念，建造的一种全新交通工具。由于在真空管道中运行，且采用磁悬浮技术，所以建议该交通工具叫真空飞车或超级列车，如图1.16所示。

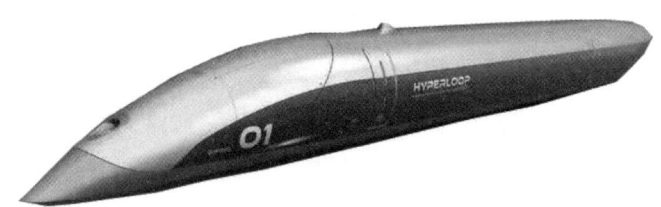

图 1.16　超级列车示意图

2. 真空管道

超级高铁系统有别于传统铁路系统，是真空悬浮无摩擦力飞行系统，该系统是一套全新的高速运输体系。超级高铁系统由运输管道、载人舱体、真空设备、悬浮部件、弹射和制动系统等组成，如图1.17所示。

图 1.17 超级高铁的真空管道运行示意图

在管道内部,通过磁悬浮技术,超级列车飘浮于真空处理的管道中,速度可达 1 000 km/h,再利用弹射装置,超级列车可沿着管道无间断地驶向目的地,见图 1.18。

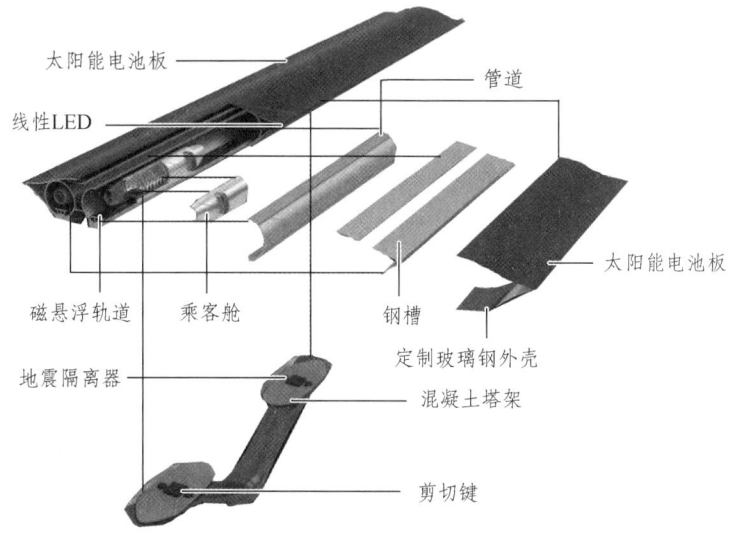

图 1.18 超级高铁系统架构图

1.2 超级高铁的技术特性

真空磁悬浮列车是世界上最快的交通工具,其实超级高铁系统中的超级列车就是真空中的磁悬浮列车。超级高铁系统除了速度的优越性外,还拥有快捷准时、运输量大、舒适安全、全天候运行、节能环保等特点。

1.2.1 超级高铁的安全性

无论哪种交通工具,安全是首要的,没有了生命其他都无从谈起。因此,安全可靠是旅客出行考虑的首要因素。若试验成功,超级高铁系统将被广泛使用,近乎真空的管道把多个城市连接起来,构成一张超级高铁网络,以方便大家快速出行,见图1.19。但超级高铁的安全性如何呢?

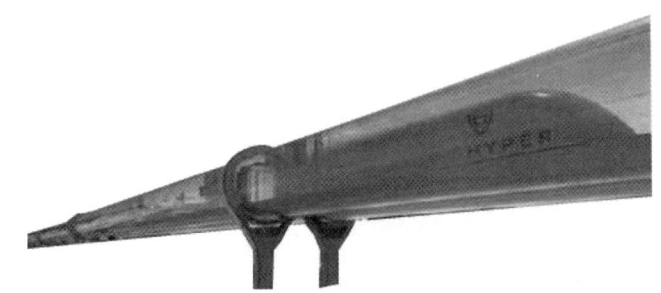

图1.19 管道中的超级高铁系统

(1)超级高铁系统安全的客观性。客观来看,环境对各种交通工具影响较大,但对超级高铁系统来说,在全封闭系统中运行,不受环境影响,主要表现在:

① 地质环境下的安全性:与飞机、火车和汽车等相比,超级高铁线路受地震影响较小,也不易发生事故。

② 自然环境下的安全性:超级高铁与航空行程相比,真空管道运输不受天气因素影响(如不受风力、冰雪、大雾和降雨等自然气候影响),不会发生延误、取消等情况。

因此,从客观上来看,超级高铁系统的安全性最高。

(2)超级高铁系统安全的主观性。主观来看,大多数交通事故和人有关,而超级高铁主要是智能化控制,和人关系不大,见图1.20,主要表现在:

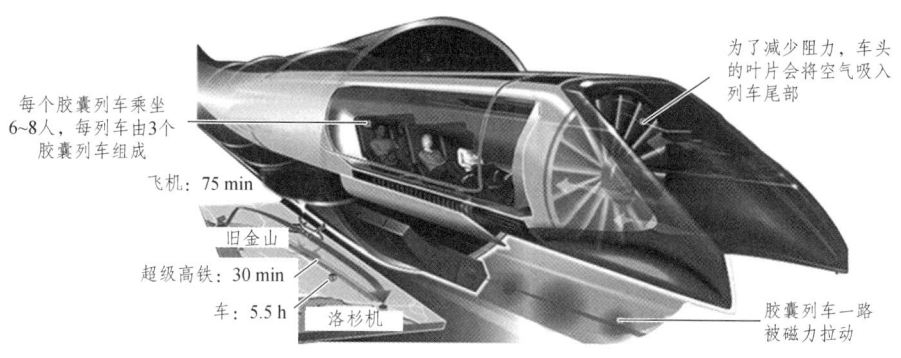

图 1.20 超级高铁系统内部的安全性

① 基于设计理念的安全性：在设计上，超级高铁每部分都有速度限制，并且乘客舱都是完全包含在管道中，不太可能出现类似列车脱轨的现象。

② 基于快速运营的安全性：超级高铁与传统列车、飞机不同，它不会出现人为事故，因为它是一个封闭系统，先进的控制保障系统使其安全程度是其他交通运输方式及工具无法企及的。

③ 基于系统管理的安全性：在真空管道沿线每隔一定距离还设有安全舱，当超级列车发生故障停止，或是密封舱体失压时，乘客可利用安全舱逃离，躲避危险。

因此，从主观上来看，超级高铁安全性最高。

总之，无论从主观还是客观上来看，相对于汽车、飞机、轮船和常规高铁等交通工具，超级高铁都是非常安全的交通工具。例如：常规高铁从 1964 年开始运营到现在，一共发生了 6 次交通事故，见表 1.3。这与空难频发的航空运输（国际航空运输协会关于 2015 年的全球飞行安全统计报告显示，2015 年在全球范围内导致 10 人以上遇难的空难至少 10 起，共计 576 人遇难）形成了鲜明对比，而道路交通早已发展成为人类的第一杀手（根据 2015 年世界卫生组织发表的《2015 年全球道路安全现状报告》，全球每年约有 130 万人死于道路交通事故，并有 2 000 万至 5 000 万人遭受非致命伤害）。何况在管道中运营的超级高铁要比常规高铁更为安全，因此，超级高铁是目前交通工具中安全性最高的交通工具。

表 1.3 高速铁路事故

名　称	时　间	国家	死亡人数/人	伤亡人数/人	事　因
第一次高铁事故	1998-06-03	德国	101	194	轮轨
第二次高铁事故	2005-04-25	日本	107	549	人为
第三次高铁事故	2011-07-23	中国	42	192	闪电
第四次高铁事故	2013-07-24	西班牙	79	180	人为
第五次高铁事故	2015-11-14	法国	42	32	脱轨
第六次高铁事故	2016-07-14	意大利	27	50	脱轨、人为

1.2.2　超级高铁的舒适性

舒适性是乘客选择超级高铁出行的另一关键因素。很多人认为超级高铁比飞机的速度快，人体无法承受，但实际上通过科学分析，人体是可以承受这种速度的。这是因为：人体最大承受 50 m/s² 左右的加速度，而汽车的 100 km/h 加速时间约为 10 s。在 1 min 至 2 min 之内，超级高铁能够轻松加速到 1 000 km/h，人体承受超级高铁的运行速度完全不是问题。而且对于乘客来说，尽管超级高铁速度极快，但在真空环境下，乘客完全不会感觉到高强度的加速度和噪声，见图 1.21。超级高铁的舒适性还表现在：

首先，身体适应性良好。超级列车的每个乘客舱都处于加压状态，安装有氧气罩和紧急制动系统，乘客不会出现身体不适问题。

其次，身体稳定性良好。超级列车在起点被弹射出去，因磁力一路前行，途中不会像飞机那样遭遇气流颠簸。

最后，身体敏感性良好。当超级列车发动时，乘客会感觉到加速，一旦超级列车全速前进，就不会再有加速感觉了。

·1 绪 论·

图 1.21 超级高铁的管道系统

因此,在超级高铁运行中,超级高铁将比常规高铁和飞机更舒服、更安静,乘客体验更舒适。特别从技术层面看,影响超级高铁的舒适性还包括振动、温度、噪声、空气、光线等因素,各种交通工具舒适性对照见表1.4。

表 1.4 各种交通工具舒适性对照

交通工具		超级高铁	普通铁路	高速铁路	汽车	航空
车内稳定性	纵向的稳定性度	1.5	3	2	3	3.2
	横向的稳定性度	0.2	2.2	2	2.5	2.6
	垂向的稳定性度	1	2.5	2	2.8	5
车内噪声/dB		50	70	65	76	80
车内温度		自调温度	高于常温	自调温度	高于常温	自调常温
车内空气		次于室外	同于室外	次于室外	同于室外	次于室外
车内光线		自调光线	同于室外	次于室外	同于室外	自调光线
备 注		稳定性度值越小,表示车内环境越稳定,越舒适。国际认定的稳定性度阈值为 2				

1.2.3 超级高铁的经济性

经济性也是建设超级高铁系统需要考虑的主要条件之一。根据现有资料来看,真空管道运输的造价将很便宜,每千米造价只有高速公路造价的1/4、常规高铁造价的1/10;而且超级高铁系统运营成本比常规高铁运营成

17

本低，两个城市距离越长，超级高铁运营成本越低，超级高铁票价是常规高铁票价的 1/2。根据埃隆·马斯克的设计理念，对于距离不超过 1 500 km 的任何两个大城市，超级高铁都是非常经济的交通方式。例如，北京和上海之间建造超级高铁系统的成本为 60 亿元，如果超级高铁每 3 min 发一班，每辆超级列车搭载 30 人，每人每趟运行成本大约 200 元，因此单程票价可定为每张 200 元，这是非常便宜的，乘客可以接受。

1. 基于建设成本的经济性分析

超级高铁的运营线路是管道，而管道由高架支柱支撑，远离地面，从而减少对土地资源的占用。两个城市之间的真空管道与高速铁路一样需要搭建两根管道，供两个方向行驶。而且真空管道还能"附着"在已经建成的高速架桥上，从而节省路线资源与基础设施的搭建成本。因此，超级高铁建设成本比其他交通工具的建设成本低。

2. 基于运营成本的经济性分析

超级列车利用太阳能使其运输成本大幅度下降，而且能够利用自身技术进行多次储能。超级高铁系统将超级列车加速至一定速度后，超级列车能够依靠惯性在真空管道中运行，并不需要任何额外的能量。在乘客即将到站需要减速时，超级列车的现有动能又可通过电机进行能量回收和再利用，这样超级列车的运输成本仅为常规高铁运输成本的 1/10。因此，超级高铁运营成本比常规高铁运营成本低。

1.2.4 超级高铁的便捷性

便捷性是选择超级高铁出行的另一因素。如果超级高铁网络能够在全球建成，用数小时就可完成环球旅行，可实现全球一日游（早出晚归，全球上班）的目的。根据埃隆·马斯克的设计理念，超级高铁的便捷性主要表现在：

（1）便捷性一："随到随走，人人平等"。超级高铁系统无须预订座位，可直接乘车出发，体现先到先坐、人人平等的原则。

（2）便捷性二："节省时间，费用降低"。对于长距离运输，超级高铁系统比飞机更具优势，因为超级高铁不需要将时间浪费在上升和降落过程上；而且超级高铁车站设在市中心，人们无须换乘就能顺利到达车站，也省去了去机场的费用。

（3）便捷性三："任性出行，自由选择"。超级高铁系统是自动运行，乘客无须担心延误等问题发生。乘客搭乘超级列车，不用像乘坐飞机一样，需要按时间来搭乘，而是自由选择、任性出行。

因此，无论与哪种交通工具相比，超级高铁都是一种便捷的交通工具。特别为了提高超级高铁系统的运营效率，根据不同的运营距离，超级高铁可以采用不同的速度运行，建议值见表1.5。

表1.5 不同出行距离的超级高铁运营速度

名　　称	短距离/km	一般距离/km	中等距离/km	长距离/km
	小于500	500～1 000	1 000～10 000	10 000以上
运营速度/（km/h）	300～500	600～800	5 000～6 500	6 500～10 000

1.2.5　超级高铁的节能环保性

超级高铁系统除了速度的优越性外，相比其他运输系统更节能、更环保，特别是在低碳排放、节能环保方面的优势非常明显。一方面，利用超级列车作为运输工具不但碳排放为零，而且没有粉尘、油烟和其他废气等污染物；另一方面，真空管道运输是一种无空气阻力、无摩擦的运输方式，比常规高铁和飞机更安静。

1. 基于能耗的超级高铁系统技术特性分析

超级高铁由于减少了接触摩擦和空气摩擦，比任何传统交通工具耗费的能源都少，超级高铁每千瓦时电的运输能力是常规高铁的50倍。超级高铁系统将采取太阳能供电方式，能够自行补充能量，而且该系统还有储存能量的设施，在不使用电池板的情况下也能行驶一段时间。根据现有研究成果分析,各种交通工具能耗对照见表1.6。

表1.6 各种交通工具能耗对照

交通工具	普通铁路	高速铁路	超级高铁	汽车	航空
一个人同等里程能耗/(kg/人)	1	0.5	0.1	6	4

2. 基于环保的超级高铁系统技术特性分析

超级列车比飞机飞行速度快一倍,但能耗不到民航客机的1/10,噪声和废气污染及事故率接近于零。特别是超级高铁管线建在地下或地面以上,对环境基本没有污染。根据现有研究成果分析,各种交通工具环保对照见表1.7。

表1.7 各种交通工具环保对照

交通工具	普通铁路	高速铁路	超级高铁	汽车	航空
CO_2排放/[mg/(km·人)]	1	0.5	0.2	10	4
噪声/[dB/(km·人)]	0.1	0.05	0.01	1	1

1.3 超级高铁存在的问题

超级高铁系统一旦成功,将会彻底颠覆人类对交通的认知,但速度越快,也意味着风险系数越高,如果发生事故,真空管道会给乘客带来难以想象的灾难。目前,从技术层面来看,超级高铁系统使用的各种关键技术(包括低压管道、压缩机、太阳能等技术)都是成熟可行的,但从应用层面来看,还有许多其他问题需要解决。

1. 空气阻力问题

超级高铁的速度必须达到1 000 km/h才具有实用价值。目前,地面上跑得最快的交通工具是日本的超导磁悬浮"子弹头"列车,其速度最高可达 603 km/h，而"子弹头"的发明者之一吉姆·鲍威尔（Jim Powell）认为这一速度（603 km/h）是开放式轨道列车的极限，因为速度超过 483 km/h 之后，空气阻力问题就会变得非常严重（见图 1.22），而且会产生巨大的噪声。所以，如何减少空气阻力是实现超级高铁快速运行的主要问题。

图 1.22 列车运行受到的阻力

2. 运营线路问题

超级高铁系统的线路越直越好（见图 1.23），因为高速之下的转弯不但非常困难，而且还会使乘客非常难受。吉姆·鲍威尔在研究中发现，乘客在车辆转弯时最多能承受 1/10 重力的侧向力，也就是超级高铁在以速度 1 200 km/h 运行时的转弯半径至少要达到 80 km。所以，超级高铁只能直线行驶，这样难免穿过一些特殊地区，这会给建设超级高铁带来很多困难。

图 1.23 高铁直线前行

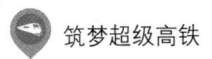
筑梦超级高铁

1.4 超级高铁的研发预判

交通工具代表了人类最根本的梦想：突破空间和时间的约束，以最快的速度到达更远的地方。超级高铁作为最快的交通工具，拥有许多优势，不但提高了运输效率，而且也降低了环境污染，减少了能量消耗。然而，目前的技术水平和经济成本尚不足以使超级高铁投入使用。

（1）从理论方面来看，超级高铁系统是完全可行的。管道运输是目前最为高效和节能的运输方式，真空磁悬浮列车是世界上最快的交通工具，超级高铁就是在真空管道中运行的磁悬浮列车。因此，从理论方面来看，构建超级高铁系统是完全可行的。这是因为：

① 高速运营可实现。在稠密的地表大气层中，高速交通工具在运行过程中多少都会受到摩擦的影响，因此目前这类交通工具的最高速度在 500 km/h 左右，而管道运输系统的最高速度理论上能够达到 20 000 km/h。

② 系统安全性高。处于全封闭环境中的超级列车完全不受天气变化的影响，真空管道运输还具有安全、环保的优点。

③ 能源供应合理。在能源利用方面，超级高铁采用自供电设计，在管道上方铺设太阳能电池板，以产生足够的电量维持其运行。

（2）从应用方面来看，想要实现 1 000 km/h 以上的真空运输很难，特别是技术、成本和管理等方面，短时间内无法建设超级高铁系统。因此，从应用方面来看，目前构建超级高铁系统是不可能的。这是因为：

① 长距离真空管道难以构建。真空管道内外压力差极大，想要保证上千千米的管道不漏气，是一件难事，目前的技术手段很难达到。

② 磁悬浮技术不够完善。超级列车是在真空管道中利用磁悬浮技术运行的，由于在实际运行过程中磁悬浮技术尚存在诸多无法克服的障碍，所以还需要进一步研究。

③ 电压稳定问题。如何在真空中保证电压的稳定性是一个大问题，电压在真空环境中容易产生"真空击穿"现象并自持放电，这可能破坏电极，导致超级高铁运输系统瘫痪。

④ 系统管理问题。超级高铁系统可能穿越不同的国家和地区，如何有效管理是一个大问题。

总之，超级高铁系统拥有诸多优势，或许在未来能够引发交通领域的革命，促进人类社会的进步。但是，它在技术层面和成本方面还存在不少问题，还需要学者们不断去研究和探讨。超级高铁想要发展，必须循序渐进，不能跨越式发展，否则要付出代价。只有当普通铁路逐渐过渡到常规高铁之后，才能够引领向超级高铁前进的步伐，达到"速度和安全"的平衡，实现超级高铁环境下的全球一体化，实现"早出晚归"的全球一日游，见图1.24。

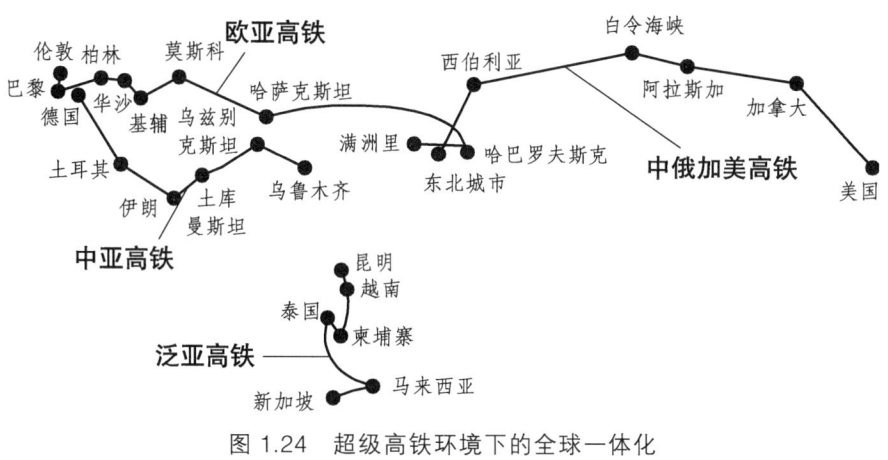

图 1.24　超级高铁环境下的全球一体化

1.5　小　结

"理念可行，理论有疵"。在常规高铁发展的影响下，各国都市圈快速形成，大大拉近了城乡距离，加速了城乡一体化。将来在超级高铁系统发展的影响下，世界性经济圈也会快速形成，也会大大拉近各国之间的距离，促进各国社会经济快速发展，成为高铁环境下的"地球村"。但目前来看，常规高铁是一项高成本、高投入的基础设施项目，而超级高铁更是一种高风险的设施，直接关系到一个国家的国计民生。理论上，在真空环境下超级高铁确实有可能达到更高速度，但这种速度不仅与真空度有关，还与悬浮导向系统、牵引系统、轨道系统及运行控制系统等技术相关。因此，对于超级高铁，还需要进一步进行研究。

"理想丰满，技术骨感"，速度的提升，突破了时空，拉近了距离，重构了世界的时空版图，实现了全球一体化。超级高铁扩大了人们继续提高旅行速度的想象空间，但要真正实现应用，还有很多问题需要解决，人类还需要不断努力研究，使理想变成现实。

2 超级高铁的基本概况

超级高铁是一种以"真空管道运输"为理论核心而设计的交通工具,具有超高速、低能耗、噪声小、污染小的特点。因其具有胶囊形外表,超级高铁又被称为"胶囊高铁"。预计胶囊高铁速度可达 4 000 km/h,如果以该速度来对比,超级高铁的速度为音速的 3 倍,为飞机飞行速度的 4 倍。如此,北京到天津只需 3 min,北京到上海只需 20 min,北京到武汉也只需 30 min,见图 2.1。

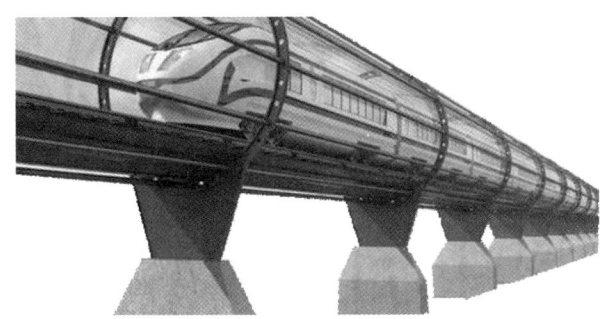

图 2.1 超级高铁系统

超级高铁系统为真空管道交通。真空管道交通因其超高速、低能耗、低污染、低噪声和相对安全等特性,建成后可承担大部分长距离客货运输任务,降低长途汽车、火车和飞机的使用比重,从而有望从根本上有效解决人类的交通困境。因此,研发超级高铁是一项惠及全人类的伟大工程。

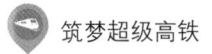
筑梦超级高铁

2.1 超级高铁的发展历程

高铁发展到今天，已经可以实现 350 km/h 的商业运营速度，作为人类长途跋涉的重要交通工具，未来高铁一定是朝着更高速度的方向发展。正因如此，国内外学者在"真空运输"的基础上，提出了"超级高铁"的概念，颠覆了传统的轨道交通出行方式，更符合如今快节奏的现代生活。

2.1.1 超级高铁的昨天

超级高铁是一种以"真空管道运输"为理论核心而设计的交通工具。谈及真空管道运输（Evacuated Tube Transport，ETT）技术，不得不回顾一下 19 世纪早期出现的管道气动客货列车。在当时，蒸汽机车尚未普及，电力和内燃牵引更是杳无踪迹，那些智慧满满的技术先驱们，就尝试在密封的管道内通过压缩空气作为动力驱动列车运行，并称之为"管道气动运输系统"，当时的密封管道还无法做成真空。图 2.2 为超级高铁概念图。

图 2.2 超级高铁概念图

第一阶段：超级高铁的理论阶段。20 世纪 20 年代，真空管道运输的概念才出现，首次提出这个设想的是美国火箭专家罗伯特·戴维。到了 20 世纪 30 年代，德国科学家赫尔曼·肯佩尔提出将磁悬浮列车系统放置于低压环境的密闭管道中，设想列车运行速度将会达到 1 800 km/h。20 世纪 50

年代,美国麻省理工学院的科学家们也提出了建设真空管道线路的计划。1978年,美国兰德公司的技术专家提出建造名为"运输之星"的交通运输系统,由建设在地下的具有低压环境的管道和磁悬浮列车系统构成。1999年,美国著名工程师达里尔·奥斯特取得真空管道交通系统的发明专利。2010年,达里尔·奥斯特成立了致力于开发真空运输项目的公司,他设想真空管道运输是由一个类似胶囊一样的运输容器,通过真空管道进行点对点传送。由于管道处于真空状态,胶囊容器的速度可以达到 6 500 km/h。图 2.3 为早期管道运输设想图。

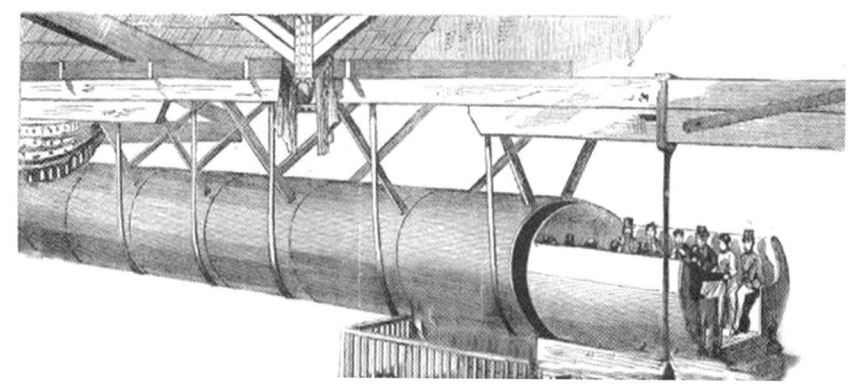

图 2.3　早期管道运输设想图

对于真空管道磁浮列车技术,中国的研发也不算晚。2004 年 12 月,中国召开了由 8 名两院院士参与、多名国内权威专家出席的"真空管道高速交通"研讨会,论证了真空管道高速交通的可行性。2005 年,牵引动力专家沈志云院士撰文阐述了真空管道高速列车的技术方案和实现途径。2011 年,西南交通大学研发出"真空管道磁浮车实验系统",系统压力达到 0.012 个标准大气压,这是全球第一个同时结合真空管道、磁悬浮及线性驱动技术的完整真空管道试验设备。图 2.4 为中国研发的超级高铁。

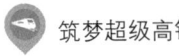
筑梦超级高铁

图 2.4　中国研发的超级高铁

第二阶段：超级高铁的研发阶段。2013 年，有着"科技狂人"之称的美国电动汽车公司特斯拉 CEO 埃隆·马斯克对"真空运输"这一概念进行了完善，提出了"超级高铁"的理念，为这种运输概念贡献了更多的设计细节。埃隆·马斯克对超级高铁的速度预期比奥斯特保守，他所提出的预期速度为 1 200 km/h，接近音速（340 m/s）。这一速度将是现在最快的高速列车的三四倍，是飞机速度的两倍。据估计，超级高速列车可以坐 28 人，洛杉矶到旧金山票价 20 美元，一年运送旅客 740 万，20 年可收回投资，见图 2.5。

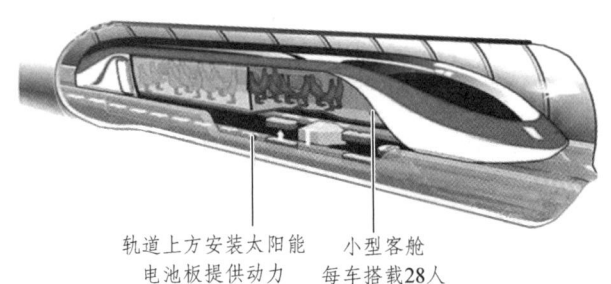

图 2.5　超级高速列车示意图

第三阶段：超级高铁的测试阶段。美国科罗拉多州 ET3 公司的真空管道运输项目，也是在"超级高铁"的基础上设计的。据 ET3 公司介绍，工程人员会在地面上搭建作用类似铁路轨道的固定真空管道，在管道中安置"胶囊"列车。"胶囊"列车形状像太空舱一样，预计单体重 183 kg，比一辆汽车还轻，长约 4.87 m，可以容纳 4～5 名乘客。图 2.6 为超级高铁系统仿真图。

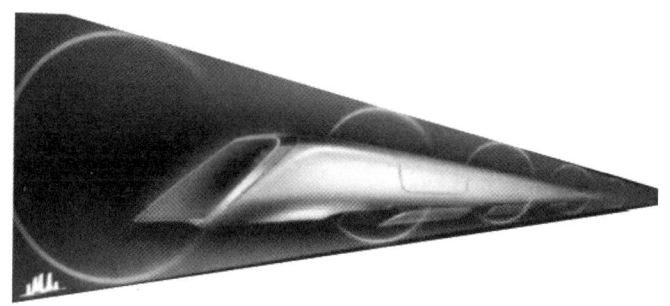

图 2.6　超级高铁系统仿真图

2.1.2　超级高铁的今天

埃隆·马斯克提出的超级高铁,为未来人类的出行描绘了美好的愿景,然而超级高铁的发展正面临着无数的难题与考验。

1. 美国的超级高铁

2017 年 3 月 21 日,美国"超级铁路交通技术公司"表示,他们已经开始建造"超级高铁"的乘客舱。按照预定计划,"超级高铁"每日可以运送 16.4 万名乘客,每 40 s 就可发车一次。这种新式交通系统能够加速到 1 220 km/h,超过绝大部分飞机的最高速度。2017 年 5 月 12 日,美国超级高铁 1 号公司(Hyperloop One)首次在真空环境中对其超级高铁进行了全面测试,利用磁悬浮技术,实现了 113 km/h 的速度。2017 年 7 月再次进行测试,速度达到 310 km/h,见图 2.7。

图 2.7　美国超级高铁仿真图

2. 中国的超级高铁

2017 年 8 月 29 日,中国航天科工公司宣布,已启动速度 1 000 km/h "高速飞行列车"的研发项目,后续还将研制最大运行速度为 2 000 ~

4 000 km/h 的超级高速列车。目前,中国在实验室内已经搭建起了全球首个真空管道超高速磁悬浮列车环形实验线平台。这条实验线路总长 45 m,设计载重 300 kg,最大载重可达 1 t,悬浮净高大于 20 mm。在真空管道理想状态下,列车理论速度可提高到 1 000 km/h,专家将这条管道称为超级高铁的雏形(图 2.8 为中国超级高铁仿真图)。

图 2.8　中国超级高铁仿真图

3. 法国的超级高铁

2018 年,欧洲首个超级高铁的测试跑道在法国图卢兹开始建设。图卢兹不仅是法国的第四大城市,还是包括空客公司在内的多家交通及航空业巨头的大本营。超级高铁交通技术公司(Hyperloop Transportation Technologies,HTT)表示,超级高铁的测试轨道分两个阶段进行建设:一个封闭的 320 m 系统于 2018 年投入使用;一个 1 km 长的全尺寸系统,搭建在高达 5.8 m 的高架上,于 2019 年完工。2018 年 4 月 11 日,超级高铁交通技术公司开始运送首批轨道管(见图 2.9)。

图 2.9　法国超级高铁系统管道

2.1.3 超级高铁的明天

每一次交通方式的提速与升级，带来的不仅是时空距离的变化，更是高铁时代经济的蓬勃发展。超级高铁的提出，对于各国来说，将是一次战略意义非凡的时代机遇，因此，美国、中国、法国、俄罗斯、印度等国家均已启动了超级高铁项目，力争在未来的速度竞争中占据绝对优势。

1. 美国的超级高铁愿景

2018年2月，美国政府批准埃隆·马斯克可以修建一条连接纽约和华盛顿（约363 km）的"超级高铁"。美国超级高铁公司（Hyperloop Transportation Technologies）表示：美国建成的测试用胶囊超级高铁的最高速度可达700 km/h，而完全建成的超级高铁的速度将达到1 220 km/h。管道内部被抽为真空环境，从而减小空气阻力。管道中各处配置的磁悬浮加速装置推动"胶囊"前进。另外，列车头部的压缩风扇装置，能够将空气吸入并从列车底部排出，形成几毫米厚的气垫，使列车悬浮以减少摩擦消耗。"超级高铁"全程使用太阳能，从而大大降低了能源的使用，见图2.10。

图2.10 美国超级高铁系统愿景

2. 印度的超级高铁愿景

提起印度的公共交通，人们脑海中最深的印象可能是挂满人的火车。但印度已决定在轨道交通的前沿领域展开尝试。2019年7月31日，印度西部马哈拉施特拉邦最终批准，在印度的金融中心孟买和200 km外的普纳之间修建一条超级高铁（Hyperloop）。建成后，从孟买到普纳，只需要

35 min，相比之下，汽车要花费 3.5 h。印度将超级高铁建设认定为一项"公共基础设施"项目，和公路、桥梁和铁路等项目的性质一样。当地政府已经选择 Virgin Hyperloop One 公司（见图 2.11），以及其合作伙伴 DP World 作为这项耗资数十亿美元的基础设施项目的发起人。

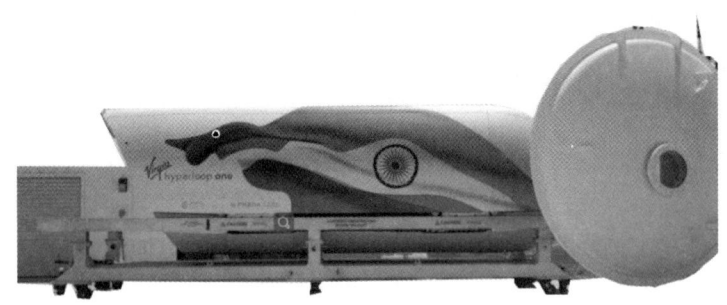

图 2.11　Virgin Hyperloop One 公司给印度设计的超级高铁

3. 中国的超级高铁愿景

目前还处于研究论证阶段的中国"高速飞行列车"项目将按照三步计划逐步进行：

第一步，初级阶段：建设 1 000 km/h 的超级高铁。初级阶段，主要通过研发具有 1 000 km/h 运输速度的超级高铁，建设区域性城际超级高铁交通网络。

第二步，发展阶段：建设 2 000 km/h 的超级高铁。发展阶段也是技术提升阶段，主要通过研发具有 2 000 km/h 运输速度的超级高铁，建设国家城市群超级高铁交通网络。

第三步，成熟阶段：建设 4 000 km/h 的超级高铁。成熟阶段主要是技术成熟阶段，通过研发具有 4 000 km/h 运输速度的超级高铁，建设"一带一路"超级高铁交通网络。

图 2.12 为设想中的中国超级高铁系统。

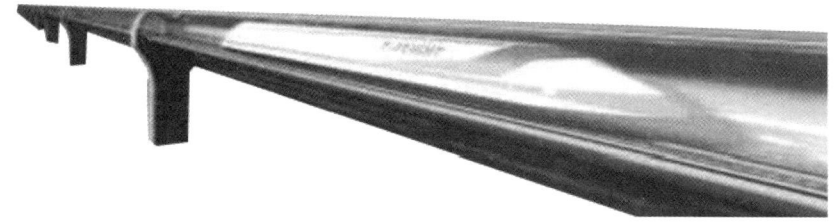

图 2.12　中国超级高铁愿景

超级高铁工程的启动必将迎来一场划时代的交通变革，必将成为铁路与航空领域有史以来最大的一次突破。未来，相信还会有更多颠覆性的事物出现在我们的生活当中，不可否认的是，这些事物将使人类生活越来越便捷，越来越高效。生活从不眷顾因循守旧、满足现状者，而将更多机遇留给勇于、敢于和善于改革创新的人们。

2.2　超级高铁的相关概念

高铁系统是由专用线路、高速列车和专用控制系统等组成的大系统，而超级高铁是由超级列车、超级站点、超级线路等组成的大系统。同高铁类似，超级高铁也是一个系统概念。超级高铁兼顾快速、廉价与安全的特点，而且具备开源的解决方案。

2.2.1　超级列车

超级列车是超级高速列车的简称，也叫胶囊列车，是利用"真空管道运输"的概念建造的一种全新的交通工具。超级列车是超级高铁系统中必不可少的一部分，超级列车的设计关乎乘客的旅程体验。超级高铁的舒适性、安全性、稳定性和可靠性等各种性能，与超级列车紧密相关，见图 2.13。

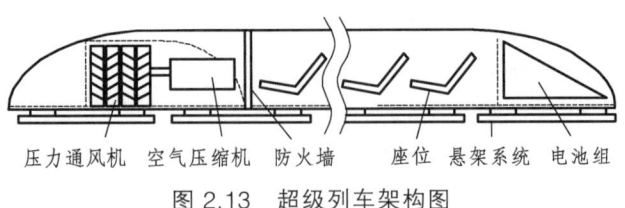

图 2.13　超级列车架构图

1. 超级列车

超级列车（见图 2.14）是一种基于"真空管道运输"理念的交通工具。乘坐超级高铁感觉就像坐飞机，旅行顺畅，仿佛行驶在空中。埃隆·马斯克称"超级高铁"是介于"协和式飞机、轨道炮和空气球台"之间的跨界交通系统。

（a）方案一：基于"子弹头"的超级列车仿真图

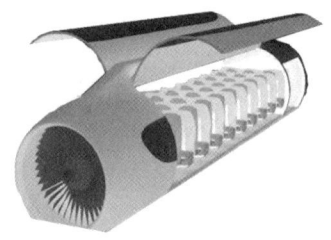

（a）方案二：基于"大鹏展翅"的超级列车仿真图

（c）方案三：基于"飞鸟扑食"的超级列车仿真图

图 2.14　超级列车系列仿真图

2. 胶囊列车

"胶囊超级高铁"这一概念最初由埃隆·马斯克在 2012 年提出。以 ET3 公司的"胶囊列车"为例,据设计者介绍,该运输系统由运输管道、载人舱体、真空设备、悬浮部件、弹射和制动系统等组成。运行时,利用磁浮技术,使重达 183 kg、长达 4.87 m、高约 1.5 m、能容纳 4~6 名乘客的胶囊状舱体"飘浮"于真空管道中,再利用弹射装置发射"胶囊",使其沿着管道无间断地驶向目的地。超级高铁概念图如图 2.15 所示。

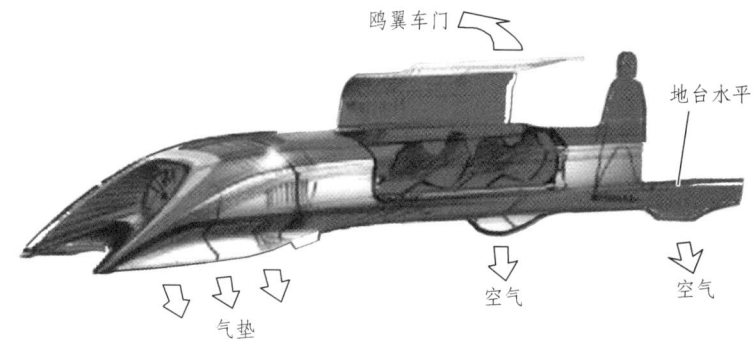

(a)方案一:基于"鸥翼"的超级列车仿真图

(b)方案二:基于"箭头"的超级列车仿真图

(c)方案三:基于"子弹头"的超级列车仿真图

图 2.15 胶囊列车系列仿真图

2.2.2　超级站点

超级站点是超级高铁站点的简称，也叫超级高铁车站。超级高铁车站的设计理念极其简单但却实用，乘车流程比在机场登机简单得多。根据客流大小，超级高铁系统的站点可以分为小站点和大站点。

1. 超级高铁系统的小站点

为了减少成本，提高运行效率，在超级高铁沿线客流小的地方建立超级高铁小站点。图 2.16 为超级高铁系统的小站点概念设计图。

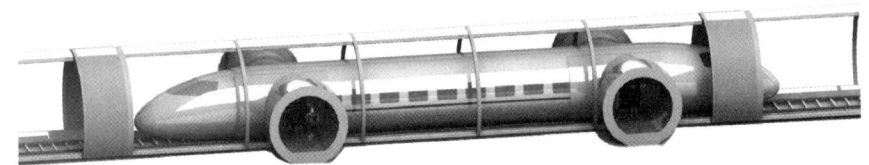

（a）方案一：基于"前进后出"的超级站点仿真图

（b）方案二：基于"侧面上下"的超级站点仿真图

图 2.16　超级高铁系统的小站点概念设计图

2. 超级高铁系统的大站点

为了提升超级高铁的运行效率，在超级高铁沿线客流大的地方，建立超级高铁大站点。图 2.17 为超级高铁系统的大站点概念设计图。

(a)方案一：基于"双侧开屏"的超级站点仿真图

(b)方案二：基于"上下升降"的超级站点仿真图

图 2.17　超级高铁系统的大站点概念设计图

2.2.3　超级线路

超级线路是超级高铁系统运行线路的简称，主要是指超级列车快速运行的真空管道。超级列车在真空管道中运行，每个超级列车像一个胶囊。每个超级列车被放置于管道中，像炮弹一样被发射至目的地。超级列车处于几乎没有摩擦力的环境中，无间断地行驶。这些超级高铁系统的管道就构成了超级线路。超级线路的铺设，不仅需要解决管道内部的各种问题，而且路线的规划也是一项具有挑战性的任务，见图 2.18。

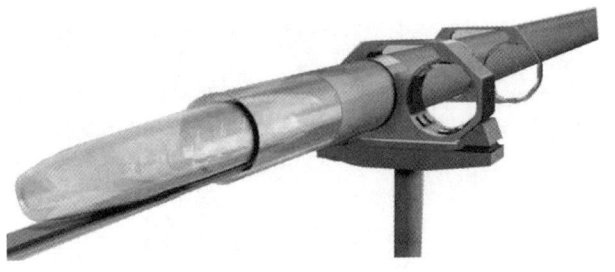

(a)方案一:基于"钢壳管道"的超级线路仿真图

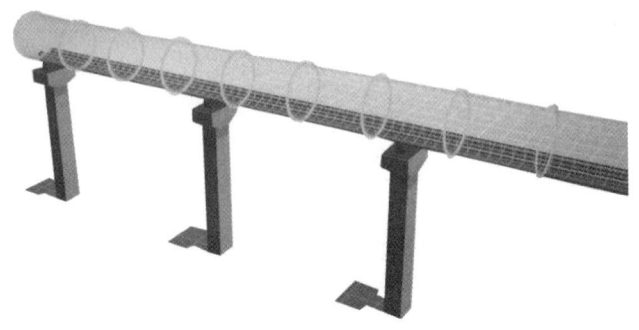

(b)方案二:基于"透明管道"的超级线路仿真图

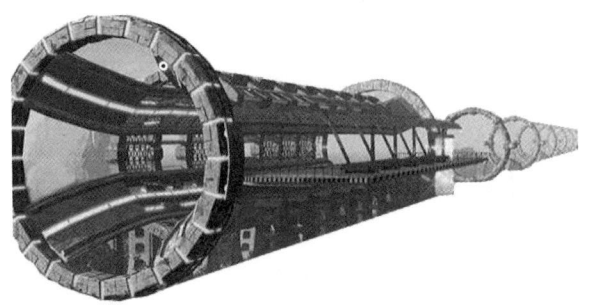

(c)方案三:基于"磁悬管道"的超级线路仿真图

图 2.18 超级管道仿真图

国内外的相关研究表明,超级线路有如下要求:

(1)要求一:超级线路的"直线前行"设计。乘客在列车转弯时最多能够承受 1/10 重力的侧向力,也就是说,当超级高铁列车在以 1 000 km/h 的速度运行时转弯半径至少要达到 65 km,所以,为了保证乘客的舒适性和列车的运行安全,超级高铁基本只能直线行驶,见图 2.19。

图 2.19　超级管道的直线型

(2)要求二:超级线路的"高架管道"架构。为了使超级高铁在尽量直线行驶的同时避免扰民,ET3 公司提出了"高架管道"模型(见图 2.20),它就像大家所熟悉的轻轨一样,把管道架在数米高的混凝土支柱上,这样大大减少了占地面积,将建设线路所需的土地量最小化,也将线路的修建成本降到最低。

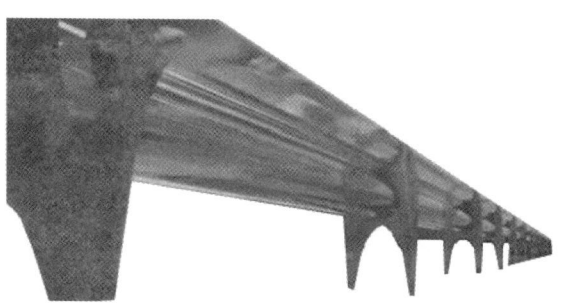

图 2.20　超级管道的高架型

(3)要求三:超级线路的"低压密封"运输舱。密封舱通过空气轴承和悬架直接引导到管道表面,因此超级高铁的运行过程将会非常顺利,这也减少了昂贵轨道的使用,见图 2.21。

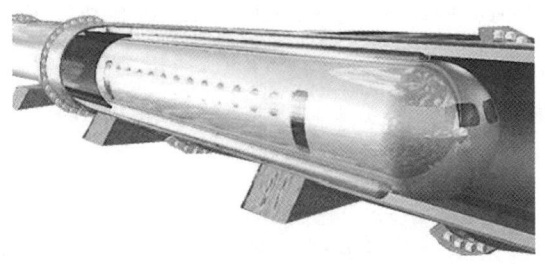

图 2.21 超级管道的密封舱

2.3 小　结

　　交通运输已经是不可再生资源最大的消费行业，也是环境污染的元凶。在交通运输中，公路运输事故是全球人员伤亡最大的事故，全世界每年超过 50 万人在汽车车祸中丧生。因此，人类必须寻找出路，用新的理论知识和科学技术探索新的交通工具。而超级高铁系统（即真空管道高速磁浮交通）具有独特的优越性能，有望从根本上解决交通运输所面临的一系列问题。

3 超级高铁的基本原理

埃隆·马斯克认为,超级高铁系统是一个相对安全的系统,该系统本身不受复杂天气的影响。一方面,超级高铁系统能够自己补充能量,在超级高铁系统中装上太阳能电池板之后,获得的能量将超过整个系统消耗的能量;另一方面,超级高铁系统还设有储存能量的设施,在不使用电池板的情况下,仍然能够行驶一段时间,见图3.1。

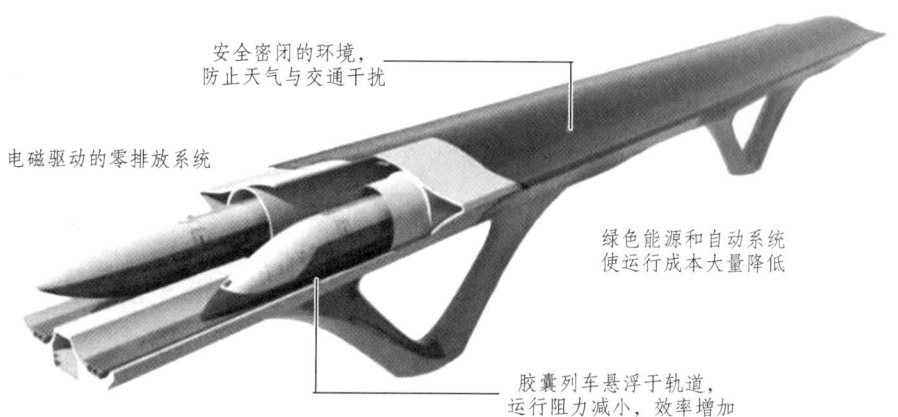

图 3.1 超级高铁系统架构图

3.1 超级高铁的系统原理

由于管道的快捷性和私密性,企业过去常常利用真空管道网络在大型建筑之间发送报纸。超级高铁系统的原理就来自管道交通系统。在快速到达目的地的同时,超级高铁系统还必须足够安全、快捷、舒适。一方面,超级线路要足够长,而且还得维持在低压环境下,尽管这并不是真正的真空状态;另一方面,为了防止乘客舱触碰到管道,超级高铁列车将轻微地悬浮在管道内快速运行,见图3.2。

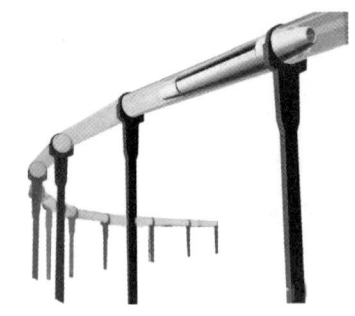

图3.2 超级高铁系统运行仿真图

超级高铁系统就是一种磁悬浮列车在真空管道运行的系统。由于不需要解决过多的空气阻力问题,所以超级高铁的速度会更快,超级高铁速度可达到1 200 km/h。

(1)在能源方面,超级高铁系统采用清洁能源。超级高铁系统将采用自供电设计,通过在管道上部铺设太阳能电池板,产生足够的电能维持其运行(见图3.3)。同时,尽管真空管道运输会达到超高速度,但乘客却不会感受到高强度的加速度。它将比火车和飞机更安全、更安静。真空管道运输比其他任何传统交通工具耗费的能源都少,真空管道每千瓦时的运输量要比火车的运输量多一倍,同时也减少了运输工具对化石燃料的依赖性和温室气体的排放。

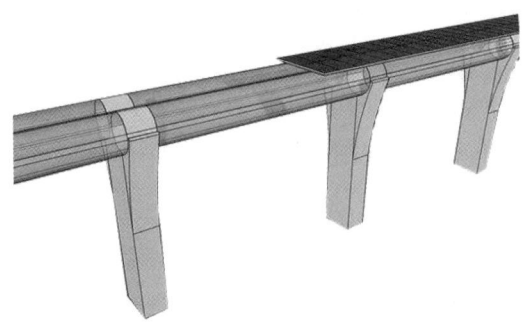

图3.3 基于"太阳能发电"的超级高铁线路

（2）在运行方面，超级高铁系统采用真空管道。管道内部被抽为真空环境，从而减小了空气阻力。另外，超级列车前端的压缩风扇装置，能够将空气吸入并从列车底部排出，形成几毫米厚的气垫，从而使列车悬浮以减少摩擦消耗。图 3.4 是 Hyperloop 公司设计的超级列车管道模型。

图 3.4　基于"直线前行"的超级列车管道模型

3.2　超级列车的基本原理

超级高铁系统中超级列车的设计并非以传统的火车车厢作为参考，而是以类似胶囊的运输舱作为运输工具，将"胶囊"置于管道之中，然后像发射炮弹一样将它发射至目的地，胶囊运输舱处于几乎没有摩擦力的环境中，无间断地行驶。据 Hyperloop 超级高铁建设项目负责人介绍，即将建成的测试用超级高铁的最高速度可达 700 km/h，而完全建成的超级高铁的速度将达到 1 220 km/h。管道中各处配置的磁悬浮加速装置推动运输舱前进。图 3.5 和图 3.6 是 Hyperloop 公司设计的超级高铁系统运行图和超级列车轨道模型。

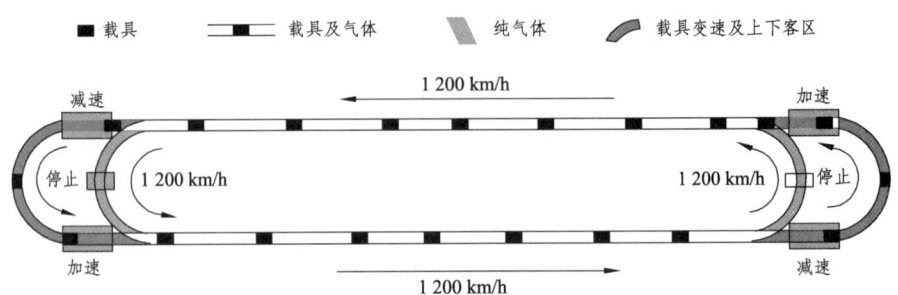

图 3.5 超级高铁系统运行图

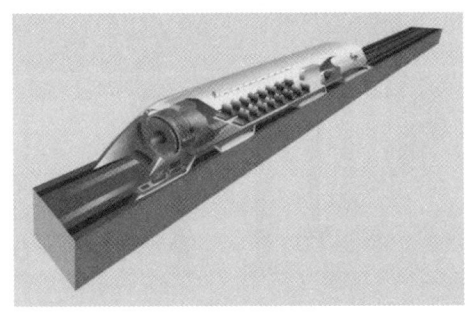

图 3.6 超级列车轨道模型

就如同飞机爬升到高海拔穿越密度较低的空气一样（海拔高度与气压关系见表 3.1），超级高铁系统将列车封装在低压管中。之所以避免使用纯真空，是因为与低压环境相比，纯真空环境的价格昂贵并且很难长时间维持。尽管压力很低，空气动力学方面的问题仍然需要解决。这些措施包括：当密封舱的速度接近音速，空气阻力急剧增加时，需要控制冲击波的形成；在必须多转弯的城市附近，密封舱以较低速度行驶，这会降低乘客对加速度的感觉，同时也降低了运输舱的功率需求。

表 3.1 海拔高度与气压关系

h/m	p/kPa	h/m	p/kPa	h/m	p/kPa
0	101.3	4 000	61.6	8 000	35.6
1 000	89.9	5 000	54.0	9 000	30.7
2 000	79.5	6 000	47.2	10 000	26.4
3 000	70.1	7 000	41.0	11 000	22.6

3.3 超级站点的基本原理

超级站点是超级高铁系统中不可或缺的一部分，站点的合理设置，对整个系统快速平稳运行起着至关重要的作用。站点的建设要同时兼顾三个方面：首先是站点的位置选择，其次是站点的运行方式，最后是站点的建设要求。超级站点的设置不同于现有高铁站点（见图 3.7）。

图 3.7　武汉高铁站

1. 超级站点的位置选择

基于超级高铁系统的运行特点，超级站点不会占用太大的土地面积，加上超级高铁运行时低噪声的特点，超级站点可以选择在市中心的位置，更加方便旅客的出行（见图 3.8）。按照"零距离"换乘要求，站点规划应该以客运站为中心，与其他交通方式有机衔接，特大城市要强化超级高铁客运枢纽、机场、城市轨道交通的便捷连接。

图 3.8　超级站点的选址图

2. 超级站点的运行方式

超级高铁的所有票务和行李跟踪都将以电子方式处理，不需要旅客另外打印登机牌和行李标签。超级高铁使得旅行路途时间非常短，因此这种交通方式主要用于通勤而不是度假。每人将限携带 2 包行李，总共不超过 50 kg。行李将放在运输舱前、后部的独立舱中，其方式类似于客机行李托运。该行李厢可以从舱内取出，这样装载和取回行李就可以与舱内客舱上下乘客分开进行。此外，超级站点的工作人员将负责装卸乘客行李，以最大限度地提高列车的运行效率。图 3.9 和图 3.10 为超级站点运行图和设想的超级换乘过程。

图 3.9　超级站点运行图

图 3.10　超级站点的换乘图

3. 超级站点的建设要求

一个超级高铁终端的中转区将是一个大的开放区，会有两个大气闸，表示运输舱的入口点和出口点。到达的运输舱将进入气闸，在那里压力会与空间站平衡，然后释放到中转区。运输舱两侧的门会打开，让乘客下车。超级站点工作人员将快速卸下行李舱，或将其与运输舱分离，以便行李提取不会干扰运输舱的周转。等到乘客和行李都完全离开运输舱的时候，运输舱将在转盘上旋转并对齐，以便重新进入运行管道，见图3.11。

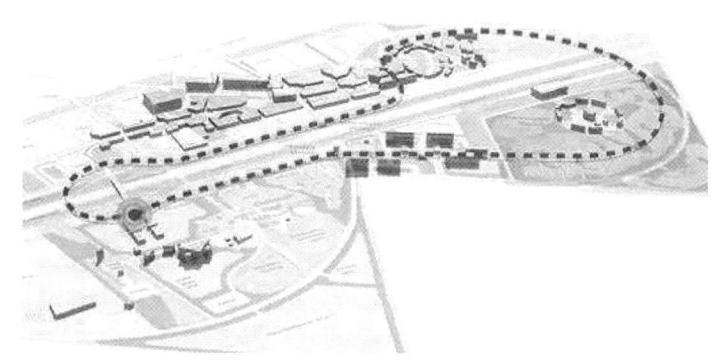

图3.11 超级高铁站点工作示意图

超级高铁系统中的超级站点主要是旅客购买车票、接受安全检查、托运或者领取行李的区域。超级站点除了要有配套的服务设施之外，还应该满足下列要求：

（1）超级站点的准确性。超级高铁系统中的超级站点，具有保证超级列车在超级高铁系统中安全、准时运行的能力。

（2）超级站点的安全性。超级高铁系统中的超级站点，具有安全快速载运旅客、货物的能力，同时对于旅客而言，也要具有舒适性。

（3）超级站点的供给性。超级高铁系统中的超级站点，具有对超级列车的维护和补给能力。

（4）超级站点的便捷性。超级高铁系统中的超级站点，具有使旅客、货物顺利抵达附近目的地的能力，见图3.12和图3.13。

(a)方案一：基于"弧形"的超级站点外形图

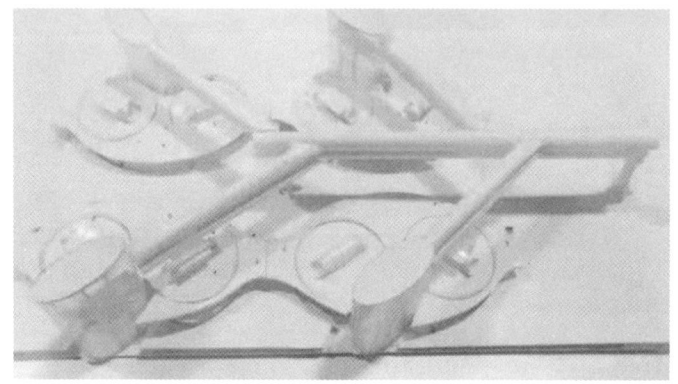

(b)方案二：基于"五线型"的超级站点外形图

图 3.12　超级站点外形图

图 3.13　超级站点内部图

3.4 超级线路的基本原理

超级高铁系统中的运输舱可以悬浮在管道里面（见图 3.10），其升举力由左侧风扇和压缩机将车辆前方的空气吸入并压缩后，从车体下方的一组 28 个空气轴承滑橇喷出产生。这些滑橇与管道壁的几何形状是相同的。它们每个长 1.5 m，宽 0.9 m，通过浮在一个离地面 0.5～1.3 mm 的加压空气垫上来支撑悬浮舱的重量。滑橇下的气压仅需要达到 9.4 kPa（约为海平面气压的 9%）就能支撑运输舱，见图 3.14 和图 3.15。

图 3.14　中国超级高铁管道工作示意图

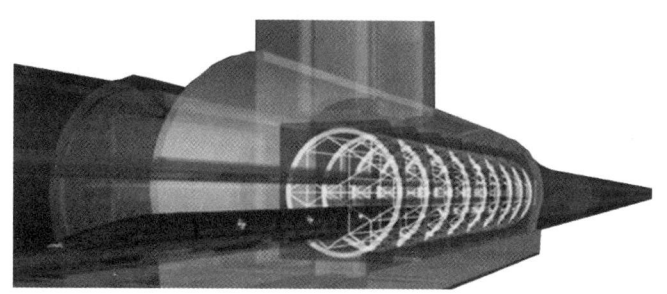

图 3.15　超级管道工作原理图

超级高铁系统中，真空管道列车气垫悬浮支撑方式的代表作品是埃隆·马斯克的 Hyperloop，而其他研究机构则将磁悬浮作为真空管道列车的悬浮支撑方案，见图 3.16 和图 3.17。

图 3.16　美国超级高铁模拟图（一）

图 3.17　美国超级高铁模拟图（二）

3.5　小　结

　　超级高铁是一项具有革命性的交通运输方式。按照设计师的设想，工程人员将在地面上搭建作用类似铁路轨道的固定真空管道系统，并在管道系统中安置"胶囊"座舱，在太阳能的作用下，列车快速前行。虽然超级高铁系统这一设想是美国电动汽车制造商特斯拉（Tesla Motors）、美国民营航天公司 SpaceX CEO 埃隆·马斯克提出的，但 Hyperloop Technologies 才是真正尝试使其商业化运营的企业。因此，超级高铁系统从设想到实现直到最终实际应用，离不开科学技术的支持，更离不开科学家的设计实践。

4 超级高铁的系统架构

超级高铁系统中的超级列车即乘客舱，形似胶囊，因此也称其为"胶囊列车"。超级高铁系统中的超级线路与高速铁路的线路不同，超级高铁的线路是一条密闭的管道，管道内部近似真空，从而消除了空气摩擦。超级高铁系统中的超级站点主要供乘客上下车，其布局要比高铁站及机场简单得多。

4.1 超级高铁的系统组成

超级高铁系统是一个复杂系统。从宏观上讲，超级高铁系统主要由超级列车、超级线路和超级站点等组成；从微观上讲，超级高铁系统主要由超级列车的微观架构系统、超级线路架构系统和超级站点架构系统等组成，见图4.1。

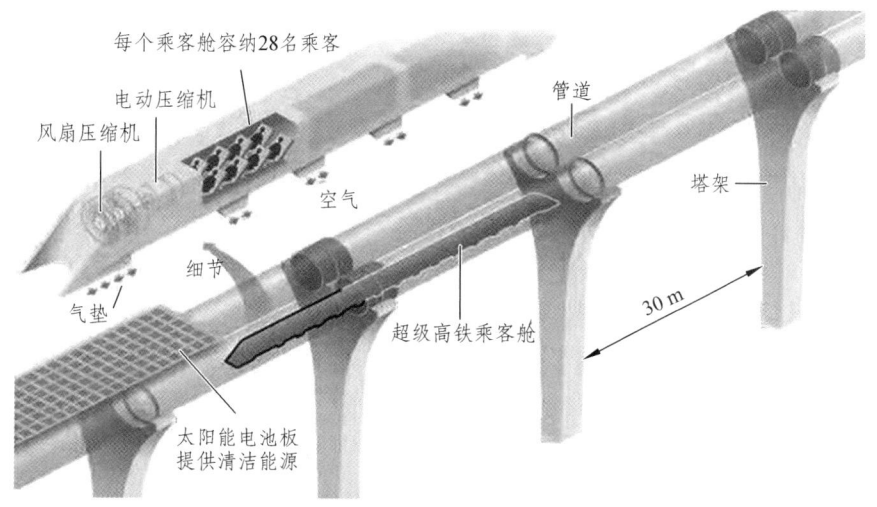

图 4.1 超级高铁的系统组成

4.2 超级列车的组织架构

超级高铁系统中的超级列车是一种在低压管道中运行的胶囊车。该车兼顾快速、经济与安全等特点,而且还具备开源的解决方案。例如埃隆·马斯克的超级高铁开始是为洛杉矶到旧金山间的城际交通而设计的,但它同样适用于在间距小于 1 500 km 的城市间通行。

图 4.2 中,超级列车车厢容量 28 人,发车频率 3 min 一趟,平均速度 1 200 km/h,两名乘客一排,座位设有个人娱乐系统。行李集中放在密封舱的前部或尾部。列车在不断加速时,乘客承受的加速度为 0.5g(重力加速度的一半)。

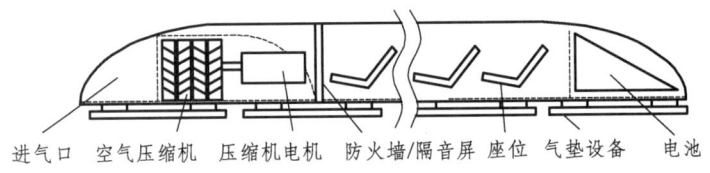

图 4.2 超级列车的组织架构

4.2.1 超级列车的外部结构

从目前的研究情况来看,超级高铁系统本质上是利用磁铁提供推力,依靠压缩空气提供升力,在这种设计中,超级高铁系统不会有"车轮和轨道"之间产生的摩擦阻力;同时要达到目标速度,管道内要保持低压,以减小列车和空气之间的阻力。超级高铁系统中的超级列车采用小型客舱,可以随时发车,无须像飞机那样遵循固定的时刻表。目前正在研发的几种超级列车示意图如图 4.3 所示。图 4.4 和图 4.5 为超级列车的内部和车厢外形,图 4.6 为超级列车车头,图 4.7 为超级列车的外壳骨架。

·4 超级高铁的系统架构·

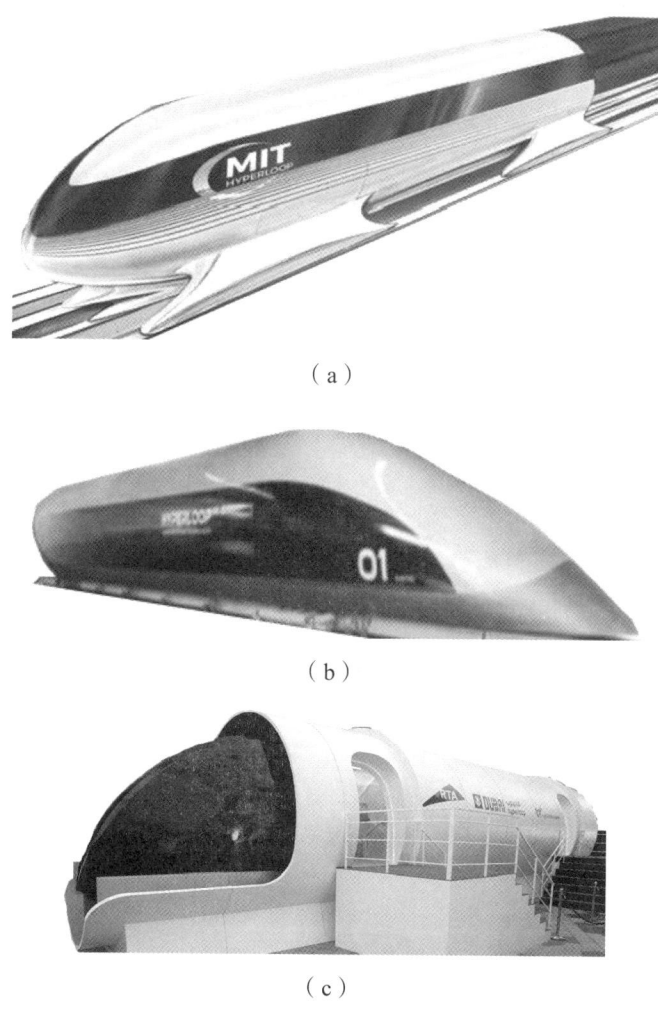

（a）

（b）

（c）

图 4.3　超级列车示意图

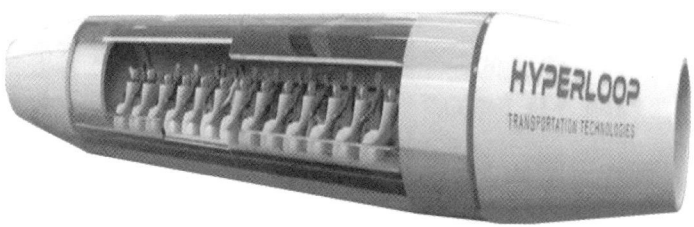

图 4.4　超级列车内部图

图 4.5 Hyperloop 列车车厢外形

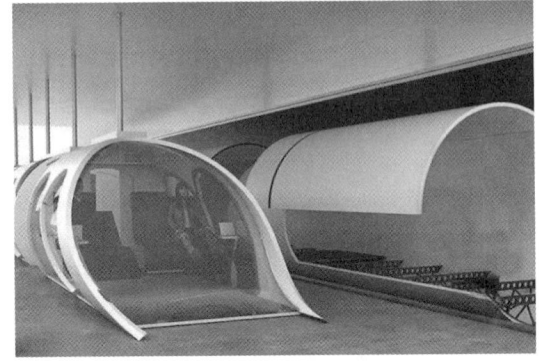

图 4.6 Hyperloop 列车车头设计

图 4.7 Hyperloop 列车外壳骨架

4 超级高铁的系统架构

超级列车是超级高铁交通运输系统的运载工具,分为客用超级列车和客货两用超级列车两种型号。超级高铁系统中的超级列车每隔 3 min 发车,高峰期每隔 40 s 发车,相邻列车之间间距 37 km。超级列车最高速度可达 1 220 km/h,接近城市时会减速。目前主要的各种交通工具的速度比较如图 4.8 所示。

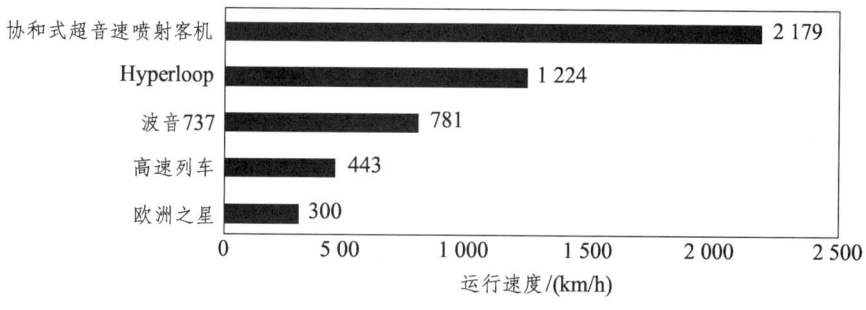

图 4.8 各种交通工具的运行速度

超级高铁系统中的超级列车的主要架构包括压缩机、水箱和空气轴承滑板等。

1. 超级列车的压缩机

超级高铁系统中的超级列车前方装有压缩机,一方面可以吸入前方空气使其从车后喷出,防止列车经过狭窄管道时与管道壁间形成阻流;另一方面,能够形成空气轴承,以支撑列车。

2. 超级列车的水箱

超级高铁系统中的超级列车还配有水箱以降低环境温度,同时尾部配有电池,为压缩机等列车设备供电。

3. 超级列车的空气轴承滑板

超级高铁系统中的超级列车底部有一个支持吊舱的空气轴承滑板,当滑板和管壁间隔减小时,气流会在两者之间形成强大的压力,使其回到原来的高度,为了减缓这种升降颠簸引起的不适感,滑板还装有悬浮装置。

4.2.2　超级列车的内部结构

按照埃隆·马斯克的预想，超级高铁系统中的运输系统包括低压钢管和铝制胶囊式车身，舱体内部由气体提供保护，最高运行速度将超过 1 220 km/h。由于舱内没有窗户，空间较为狭窄，设计师利用舱顶的虚拟现实屏幕，播出一些类似蓝天白云的画面，营造出一种开放感，从而消除乘客的幽闭恐惧感。此外，超级列车还提供商务舱，甚至还包括私人办公区。超级高铁系统旨在为乘客带来一次愉快并且印象深刻的旅行。超级列车的内部结构如图 4.9 所示。

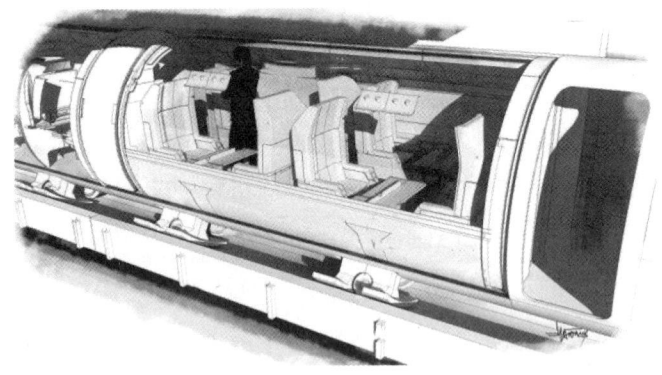

图 4.9　Argo Design 公司的超级高铁内部结构

超级高铁系统中的运输舱的整体内部质量预计将接近 2 500 kg，包括座椅、约束系统、车门面板、行李箱及娱乐显示屏。

1. 超级列车的座椅

超级高铁系统中的超级列车的内部设计特别考虑到乘客的安全性和舒适性，座椅很好地符合人体工学，见图 4.10。尽管真空运输管道能够达到让人难以置信的速度，但是乘客只能感受到很小的爆发加速度，使乘客在高加速过程中仍保持舒适和安全。

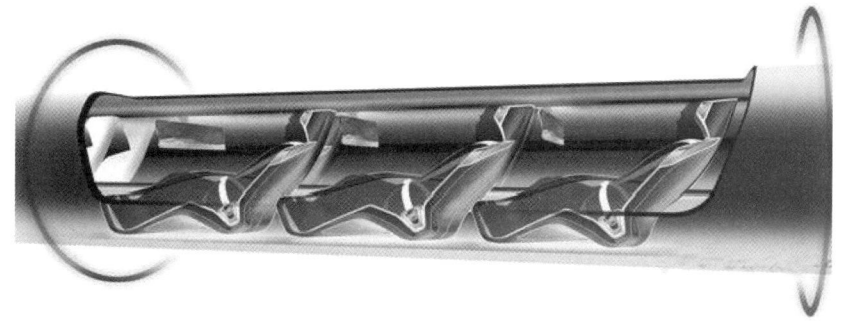

图 4.10　超级列车的座椅

2. 超级列车的车窗

超级高铁系统中的运输舱内将采用增强现实车窗,它不仅能把车窗外的现实世界展示出来,还可以在此基础上增加具有娱乐属性的数字信息,见图 4.11。

图 4.11　超级列车的车窗

3. 超级列车的行李舱

为了便于超级高铁系统中的超级站点工作人员快速装卸旅客的行李,将行李舱设置于列车的前后两端,见图 4.12。

图 4.12　超级列车的乘客舱和行李舱

4. 超级列车的运输舱

超级高铁系统中的超级列车在真空管道内运行,运输舱处于加压状态,因此每个座位都装有氧气面罩,以防止在列车运行过程中出现意外状况,从而保证乘客的安全。

5. 超级列车的换气系统

为了使乘客乘坐舒适、安全,保证车内空气质量,超级高铁系统中的超级列车上装有换气系统。有三种方案可以消除超级列车车厢内的空气污染,分别是稀释法、吸附法和分离法。

4.2.3　超级列车的设备组成

超级高铁系统中的超级列车除了安装针对乘客需求的设备设施外,还包括对列车运行起重要作用的机载压缩机、车载电源、悬浮设备和推进设备等。

1. 超级高铁系统的机载压缩机

机载压缩机是保证超级高铁系统中的超级列车运行的一个重要设备。它有两个用途:一方面,机载压缩机通过压缩绕过列车的空气,使得在胶囊和管壁之间没有空气的流动,从而使超级列车能够穿过相对狭窄的管道;另一方面,它还向空气轴承提供空气,在整个旅程中支持胶囊的质量。

2. 超级高铁系统的车载电源

除了压缩机电机和冷却液外,超级高铁系统中的客用舱动力系统还包括一个容量较大的电池,为超级高铁系统中的客用舱系统的运行提供充足的动力。

3. 超级高铁系统的悬浮系统

由于超级高铁系统中的超级列车需要超高速运行,将超级列车悬浮在管道内是一项重大的技术挑战。超级高铁系统选择采用空气轴承悬架,空气轴承通过利用管道中的空气,为列车运行提供稳定性和极低的阻力。

4. 超级高铁系统的推进系统

为了以目标速度运行,设计者正在开发一种先进的直线电机系统,使运输舱以最高 1g 的加速度加速至 1 220 km/h。移动电机元件(转子)放置在车辆上,以减轻质量和满足功率要求,而为车辆提供动力的固定电机元件(定子)则放置在管道上。Hyperloop 列车动力驱动装置见图 4.13。

图 4.13 Hyperloop 列车动力驱动装置

4.3 超级站点的组织架构

超级高铁系统的乘车流程和车站布局比飞机要简单得多,因此超级站点的设计理念简单而又实用。超级高铁的出行时间比较短,出发频繁,预计每个超级站点将有连续的客流，因此安全和安保是最重要的。超级高铁系统中的超级站点的安检方式将与机场的检查方式类似，该过程可能会变得流水化，从而减少等待时间，保持更持续的客流。超级站点如图 4.14 所示。

图 4.14　超级站点概念设计图

超级高铁系统作为一个高速的客运交通系统，以高速度和高频率把主要城市和市区联系起来。超级高铁系统中的超级车站在两个运营层面上进行。

1. 超级站点的第一层：过渡厅

超级高铁系统中的过渡厅，也就是第一层，用作辅助运输，供旅客乘坐其他公共交通工具。

2. 超级站点的第二层：出入厅

超级高铁系统中的出入厅，也就是第二层，供旅客上下超级列车。旅客通过过道进出超级列车。

3. 超级站点的内部辅助结构：竖井和电梯

超级高铁系统中的竖井和电梯，也就是两个层面的连接通道。为使乘客顺利地出入超级站点大厅，需要在第二层设置隧道之外的洞室空间。

4. 超级站点的外部辅助结构：闸门

超级高铁系统在车站范围内设有纵向自动闸门，为避免真空损失，超级列车在站内停车之前必须先经过闸室，当列车停在车站准确位置时，半真空隧道闸门自动关闭，使旅客在上下车时处于大厅的正常气压下，同时超级列车内也保持正常气压。

4.4 超级线路的组织架构

超级高铁系统中的超级线路是由管道构成的,除了管道内部所面临的各种问题外,路线的规划也是一项具有挑战性的任务。有学者在研究中发现,乘客在列车转弯时最多能够承受 1/10 重力的侧向力,也就是说,当超级高铁列车以 1 000 km/h 的速度运行时,转弯半径至少要达到 65 km。所以,为了保证乘客的舒适性和列车的运行安全,超级高铁基本只能直线行驶。超级高铁系统的真空管道如图 4.15 所示,超级列车在真空管道中运行如图 4.16 所示。

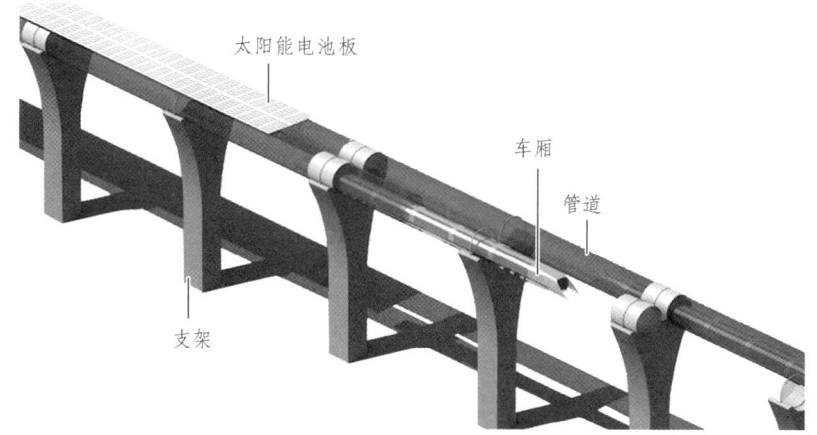

图 4.15 超级高铁系统的真空管道

图 4.16 超级列车在真空管道中运行

4.4.1 超级线路的几何构造

超级高铁系统的整个运行管道是由钢结构组成的，两根管道将以并排的方式焊接在一起，这样使得运输舱可以同时双向运行（见图4.17）。超级高铁系统中每隔30 m会有一个塔架，目的是支撑运行管道。在管道的顶部，将会覆盖太阳能电池板，以便为整个超级高铁系统提供电力。超级高铁系统管道内的预期压力将保持在100 Pa，大约是地球大气压力的1/1 000，这种低压使得运输舱的阻力减小，同时可以相对容易地从管道中抽出空气。

图4.17 真空管道内部

超级高铁系统中的真空管道的几何结构，取决于是客用版的超环线还是客货两用版的超环线。如果空气通过间隙的速度加速到超音速，则会形成冲击波，这些波动限制了有多少空气可以真正排出管道。随着阻力和空气质量的增加，胶囊列车的功率需求显著增加，因此，通过仔细选择胶囊列车与管道的面积比来避免在胶囊列车周围形成冲击波非常重要，这可确保在所有运行速度下，胶囊列车周围和通过胶囊列车的空气足够，任何不能通过胶囊列车和管道之间的空气都可以通过每个胶囊列车中的机载压缩机进行旁路，见图4.18。

· 4 超级高铁的系统架构 ·

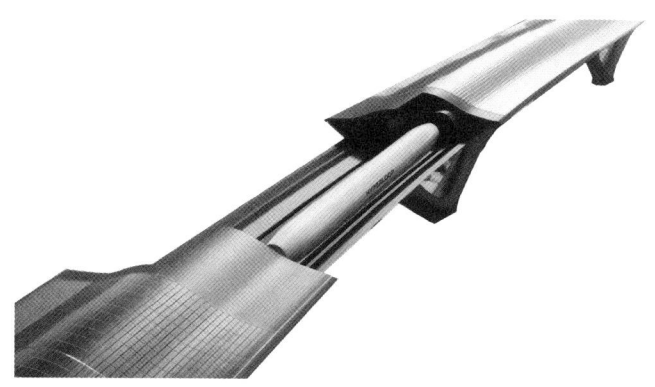

图 4.18 超级列车在真空管道中运行

4.4.2 超级线路的结构设计

超级高铁系统就是希望通过去除地表环境下稠密的大气层，使得超级列车的速度可以进一步得到提升。所以建造一条密封的管道，将管道内的空气抽空，并将所需的真空度一直维持下去，这是整个真空管道运输系统的基础。而超级高铁系统中的真空管道材料、承载结构、密封特性等方面的问题亟待解决。现有的承载-密封分置方案的真空管道如图 4.19 和图 4.20 所示。

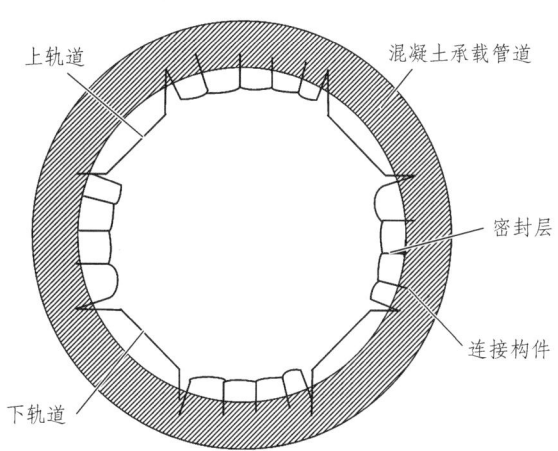

图 4.19 承载–密封分置方案的真空管道示意图

63

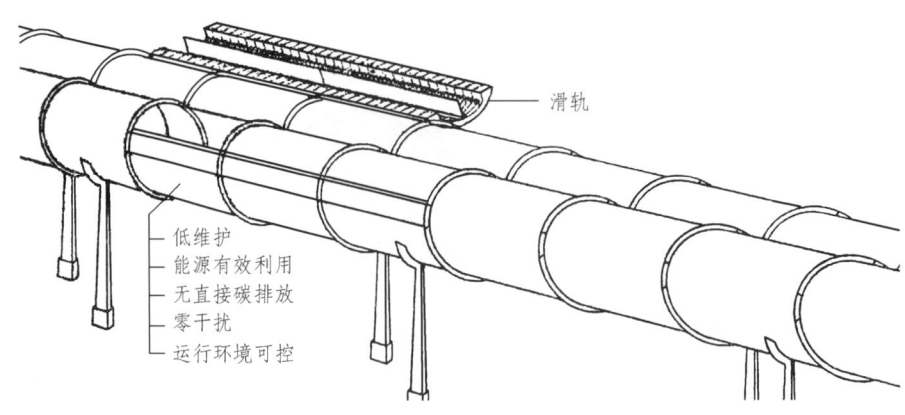

图 4.20 管道系统架构图

（1）超级高铁系统的真空管道。

超级高铁系统中的真空管道主要包括超级高铁的地下管道和超级高铁的架空管道。

① 超级高铁系统的地下管道将真空管道埋在地下，视为隧道技术的延伸。但是该方法实施成本高、进度慢、深埋于地下，不便于设置应急救援系统，见图 4.21。

图 4.21 超级高铁系统的地下管道

② 超级高铁系统的架空管道是将超级高铁系统中的真空管道架设在空中，就像现在的高铁线路一样。但是该方法会使管道暴露在大气环境中，受气象变化的影响比较大，而且与地面的各种复杂情况相互影响，同时地

表的曲线限制了超级列车的速度,见图4.22。

图4.22 超级高铁系统的架空管道

(2)超级高铁系统的管道真空度。

超级高铁系统将真空度设置为0.1%。超级高铁系统中的真空度的设置应该与速度、功率联系起来,在空气中运动的物体所受的阻力与其运动速度v的平方成正比,而功率消耗与物体运动速度的三次方成正比。

$$f = k\rho Sv^2$$
$$N = k\rho Sv^3$$

式中　ρ——空气密度;

　　　v——沿列车运动方向的相对气流速度;

　　　S——垂直最大迎风截面面积;

　　　k——阻力系数,与流线有关,一般由试验确定。

当超级高铁系统中的超级列车以800 km/h的速度运行时,将克服超级列车线路中残存空气阻力的功率消耗维持在普通列车(在标准大气压下)以100 km/h运行的功率消耗水准上。由于速度提高,超级列车的运行时间将缩短,这样超级列车运行的总能耗将下降。考虑到管道效应,在其他条件相同的情况下,需要考虑选择更高的真空度。超级高铁系统中的真空管道的气压应当维持在大气压的1/1 000。从真空技术角度来看,这样的真空度属于低真空范围。

(3)超级高铁系统的真空管道材料。

超级高铁系统中的真空管道材料,需要具备6种基本特性:承载特性、气密特性、烘烤放气特性、化学稳定性、热稳定性、加工性。超级高铁系统中的真空管道需要承受的基本荷载是管道内外气压差形成的压力,气压形成的压力垂直于管道表面。除了由气压差形成的压力外,如果超级高铁系统中的真空管道埋在地下,还需承受岩土压力和自重。材料的气密特性是指真空管道具有阻止气体渗透或者其他方式穿越的功能,从而维持内部真空环境稳定。常用建筑材料的性能特点如表4.1所示。

表4.1 常用建筑材料的性能特点

序号	材料	优点	缺点
1	玻璃	气密性好	应力强度低
2	金属	气密性好、应力强度高	造价太高
3	薄膜、塑料	气密性好、廉价	柔软、不稳定
4	混凝土	应力强度高、性价比高	气密性差

(4)超级高铁系统的管道截面。

日本超导磁悬浮列车悬浮时高 3.28 m,宽 2.9 m;德国常导磁悬浮列车悬浮时高 4.06 m,宽 3.7 m。磁悬浮列车横截面面积与管道横断截面面积比大约为 0.12,这一比值小于轮轨高速铁路,其原因是磁悬浮列车的速度更高,在隧道中会产生活塞风效应。为了加大运力和方便乘客快速上下,超级高铁系统中在真空管道中运行的车体,考虑采用单层双通道或者双层双通道设计,据粗略估计,超级列车高度或宽度将会达到 6 m。加上道床高度、悬浮间隙等,真空管道内径至少应达到 9 m,现有的隧道技术是能够实现的。

(5)超级高铁系统的塔架和隧道。

超级高铁系统中的管道将由支柱支撑,支柱在垂直方向约束管道,但允许热膨胀的纵向滑动并抑制横向滑动,以降低地震造成的风险。此外,超级高铁系统中的管柱连接的标称位置可以垂直和横向调节,以确保在可能的地面沉降情况下正确对齐,这些最小限度地约束柱管接头,使整个旅程更加平稳。超环线的模拟结构如图4.23所示。

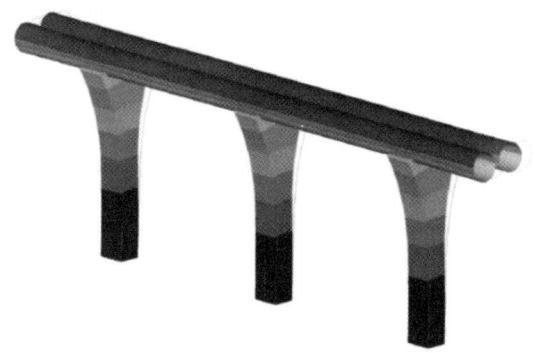

图 4.23 超环线的模拟结构图

4.5 小　结

本章针对超级高铁系统的架构做了详细介绍，分别介绍了超级列车、超级线路和超级站点。首先，在超级高铁系统中的超级列车方面，对超级列车的内外部结构设备和车型设计做了重点介绍；其次，在超级高铁系统中的超级站点方面，重点说明了超级站点的组织架构；最后，在超级高铁系统中的超级线路方面，主要介绍了超级高铁系统中的真空管道线路的原理和线路的结构设计。

5 超级高铁的属性特征

超级高铁作为继轮船、火车、汽车、飞机后的"第五种交通方式",其速度可达 1 000 km/h,是一种理想的交通方式。虽然超级高铁系统目前还处于研发阶段,但其设想的性能均优于高铁系统和飞行系统。而这种在密闭的真空管道中运行的超级列车,不受空气阻力、摩擦及天气影响,特别是不受自然环境(如大风、暴雨、泥石流、低温等)影响。因此,超级高铁除了速度的优越性外,还具有舒适安全、稳定可靠、全天候运行、经济环保等特点,见图 5.1。

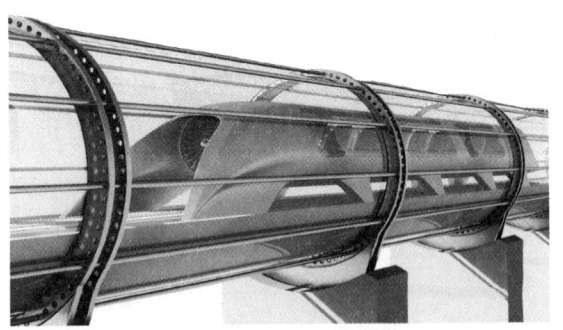

图 5.1 超级高铁系统运行图

5.1 超级高铁的基本属性

超级高铁的属性主要表现在其速度和运输能力上。从速度上讲,超级高铁是一种在真空管道中运行的超级列车,运行速度是飞机飞行速度的数倍;从运输能力上讲,根据埃隆·马斯克的设想,每辆超级列车可容纳 28

人,但由于其发车间隔时间短,因此超级高铁系统的运输能力完全可以达到人们的出行需求。

5.1.1 超级高铁的速度

超级高铁系统是最快的交通系统。超级高铁运行速度基本高于 1 200 km/h,是目前研究的运行速度最快的交通工具。无论"地面王者"(高铁系统),还是"空中达人"(航空系统),其运行速度都无法和超级高铁系统媲美。

(1)高铁系统的速度。高速交通工具在运行过程中都会受到空气阻力以及接触摩擦的影响,地表交通工具的最高速度在 500 km/h 左右,而管道运输系统理论上的最高速度能够达到 20 000 km/h。

第一,300 km/h 阶段的空气阻力:高铁速度超过 300 km/h 时,主要阻力来自空气,空气阻力超过全部阻力的 80%。

第二,400 km/h 阶段的空气阻力:高铁速度到 400 km/h 时,来自空气的阻力就超过全部阻力的 90%。

第三,500 km/h 阶段的空气阻力:高铁速度到 500 km/h 时,来自空气的阻力就超过全部阻力的 99%。

当交通工具在地面运行时,面对的是 1 个大气压,高铁系统是地面的速度王者,运营速度极限是 400 km/h,当然可以跑出 486.1 km/h、574.8 km/h,甚至 605 km/h,但是这些都不是经济速度。高铁速度,主要是受到地面空气阻力的影响。

(2)航空系统的速度。高铁速度低于飞机速度,主要原因就是高铁遇到的空气阻力远远大于飞机遇到的阻力。事实上,飞机在高空飞行,而越往高空,空气越稀薄,阻力就越小,因而飞机的速度大于高铁的速度。空气密度和高度的关系如下:

第一阶段,低空阶段:4 000~6 000 m。在 4 000~6 000 m 高空时,只有 0.5 个大气压,这是支线飞机的天下,它的经济速度在 400~800 km/h。

第二阶段，中空阶段：6 000~15 000 m。在 10 000 m 高空，这是干线飞机的天下，也就是我们常坐的民航飞机的飞行高度，只有 0.2 个大气压，飞机的经济速度在 800~1 000 km/h。

第三阶段，高空阶段：15 000 m 以上。在 15 000 m 高空，只有 0.05 个大气压，这是超高速飞机的天下，其经济速度可以达到 2 000 km/h。

根据现有研究成果，不同大气压下的最佳速度值见表 1.2。

5.1.2 超级高铁的输送能力

输送能力是各种交通工具的一个重要属性。目前，输送能力最大的交通工具是高速铁路，其运载量是航空运载量的 10 倍、高速公路的 5 倍（高铁与其他运输工具运载能力的对比见表 5.1）。统计表明：一条高速公路一年最大客运量不会超过 1 000 万人次，而一条高铁系统一年客运量能达到 1.5 亿人次。如日本东海道新干线高峰期平均每小时发车 11 列，每天通过的列车达 283 列，每列车可载客 1 200~1 300 人，年输送旅客达 1.2 亿人次。

表 5.1 高铁与其他运输工具运载能力的对比

运输方式	高速铁路	高速公路	航空运输
运载量（以高铁为基础）	1	1/5	1/10
运输成本（以高铁为基准）	1	2.5	5

根据设想，超级高铁系统中，一辆超级列车安排 28 个座位，看起来似乎其运载能力很小，但由于超级列车的运行速度极快，发车间隔一般在 2 min 左右，高峰期最快可达 30 s 一班，高峰期将会配置 40 辆超级列车，同一时间有 6 辆超级列车在终点站供乘客上下车。这样算下来，超级高铁系统的输送能力虽不及高速铁路的输送能力大，但由于超级高铁系统主要用于长距离运输，这样的输送能力还是相当可观的，完全可以满足人们的出行需求。

5.2 超级高铁的系统特征

超级高铁是一种以"真空管道运输"为理论而设计的一种交通工具,并采用磁悬浮技术。其设计理念和运行原理决定了超级高铁系统运营的安全性、乘客的舒适性、系统的稳定性、车辆的可靠性以及成本的经济性。

5.2.1 超级高铁的安全性

无论哪种交通工具,安全都是首要的。因此,安全可靠是旅客出行首要考虑的因素。超级高铁系统使用巨大、近乎真空的管道把多个城市相连接,构成一张超级高铁网络,方便大家快速出行。超级高铁系统的设计从一开始就考虑到了安全性,其安全性主要表现在:不易受自然灾害影响、不易受人为因素影响、不会发生脱轨事故等。

1. 超级高铁系统不易受自然灾害影响

自然灾害对各种交通工具影响很大,在一系列重大交通事故中,很多都是由于自然灾害导致的。自然灾害的种类主要包括地震、大风、雷电、暴雨、泥石流等。轮船、火车、汽车、飞机等都会受到自然灾害的影响,相比较而言,超级高铁在此方面具有明显的优势。由于超级高铁是一种在真空管道中运行的列车(见图 5.2),这条真空管道是一个完全封闭的系统,与外界环境隔绝,不受大风、地震、雷电、温度、降雨等恶劣天气的影响。超级高铁系统的安全性与其他交通方式的对比见表 5.2。

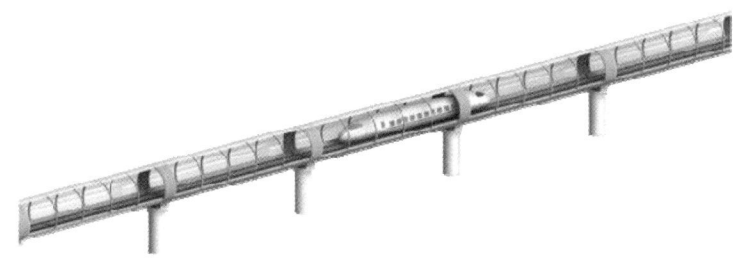

图 5.2 超级高铁在管道中运行

表 5.2　自然灾害对各种交通方式的影响

交通方式	自然灾害			
	地震	雷电	暴雨	泥石流
超级高铁	最小	最小	最小	最小
飞机	小	最大	小	小
火车	最大	大	最大	最大
汽车	大	小	大	大

2. 超级高铁系统不易受人为因素影响

在众多威胁交通安全运营的因素中,人为因素无疑是最值得关注的。尤其是在道路交通中,大部分的交通事故都是人为因素导致的。据统计,每年全国机动车驾驶人交通事故约占事故总量的 92.7%。影响道路交通事故产生的人为因素见表 5.3。

表 5.3　影响道路交通事故产生的人为因素

序号	影响驾驶人处理事故能力的因素	序号	诱导驾驶人采取冒险行为的因素
1	缺乏经验	7	高估自身的能力
2	酗酒与滥用药物	8	不遵守交通规则
3	困倦、疲劳	9	不得体的驾驶行为
4	突发疾病	10	习惯性超车
5	严重的心理压力	11	酗酒
6	暂时注意力转移	12	服用精神上的药物

人为因素对列车事故的影响也是不可忽视的,据统计,在列车事故中直接因为人为失误造成事故发生的比例占到事故总量的 30.5%,因为人为失误造成设备故障进而导致事故发生的比例占到事故总量的 68.6%。此外,在影响航空安全的因素中,人为因素也是主要的,据统计,80% 以上的飞行事故是人的原因造成的,如表 5.4 和图 5.3 所示。

表 5.4　飞行事故和事故特征中确定的错误种类统计

序号	错误种类	百分比/%
1	技能	29
2	知识、法规	26
3	法规	21
4	知识	10
5	知识、技能	7
6	法规、技能	7

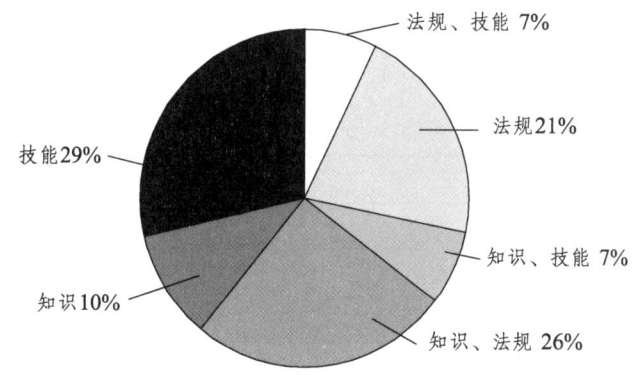

图 5.3　飞行事故和事故特征中确定的错误种类统计及比例

由表 5.4 和图 5.3 可知，大多数交通事故和人有关，而超级高铁在一个完全密闭的真空管道中运行，并且采用全自动化的控制系统。超级高铁系统运行时不存在驾驶员、行人、工作人员以及管理人员等的失误。这种先进的智能化控制系统使得其安全程度是其他交通方式及工具无法企及的；另外，在超级高铁系统的真空管道沿线处每隔一段距离还设有安全舱，当超级列车发生故障停止，或是密封舱失压时，乘客可以利用安全舱逃离，躲避危险。

3. 超级高铁系统不存在脱轨现象

无论是普通列车还是高铁，它们都是在轨道上运行的，因此都会因为各种原因发生脱轨事故，造成严重的人员伤亡，如图 5.4 所示。近年来世界上发生的一些火车脱轨事故如表 5.5 所示，图 5.5 为列车脱轨事故现场。

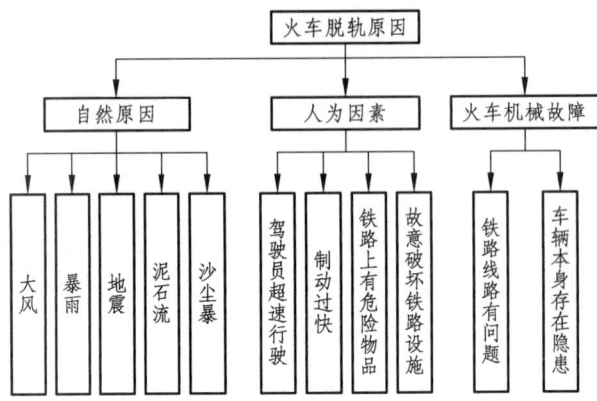

图 5.4　火车脱轨原因

表 5.5　火车脱轨事故

时　间	国　家	死亡人数/人	受伤人数/人
1998 年 6 月 3 日	德国	101	105
2005 年 4 月 25 日	日本	107	549
2011 年 7 月 23 日	中国	42	192
2015 年 11 月 24 日	西班牙	79	180
2016 年 7 月 14 日	意大利	27	50

图 5.5　列车脱轨事故现场

超级高铁在真空管道中运行,并采用磁悬浮技术,不需要建造轨道,因此,超级高铁系统在运行中不存在脱轨现象。总之,无论是从客观上还是主观上来看,相对于汽车、飞机、轮船和轮轨高铁等交通工具,超级高铁都是非常安全的,一旦投入运营,超级高铁将是最安全的一种交通工具。

5.2.2 超级高铁的舒适性

舒适性是大家选择超级高铁出行的另一关键原因,超级高铁系统的内部设计考虑了乘客的舒适性。超级高铁系统的舒适性:一方面,虽然超级高铁系统的速度可以达到 1 000 km/h,但乘客可以完全适应这种速度;另一方面,超级高铁系统内部的座椅很好地符合人的身体,以保持乘客在旅途中的舒适性。超级高铁系统还采用增强现实车窗,解决没有玻璃看风景的问题,而且机舱内将会展示美丽的景观,每位乘客都可以使用自己的个人娱乐系统,使旅途充满欢乐。此外,超级高铁系统在运行中,乘客几乎感受不到噪声的影响。

1. 乘客可以很好地适应超级高铁系统的真空环境

超级高铁系统中的超级列车行驶在真空管道中,人体会不会适应这种真空环境呢?Hyperloop One 总裁 Rob Lloyd 说:"当人们在乘坐超级高铁的时候,是坐在悬浮密封舱里的,虽然轨道里是真空状态,但悬浮密封舱里可以加压。所以说,我们丝毫不用担心真空环境对人体的影响。"还有人认为,超级高铁的速度比飞机更快,人体可能无法承受,但实际上通过科学分析,人体是可以承受这种速度的。

(1)基于人体适应性的超级高铁与汽车对比分析。人体对加速度承受的极限通常是 50 m/s^2 左右,而汽车的 100 km/h 加速时间约为 10 s。如果在 1 min 至 2 min 之内,超级高铁能够加速到 1 000 km/h,人体承受超级高铁的运行速度和加速度完全不是问题。

(2)基于人体适应性的超级高铁与飞机对比分析。超级高铁的加速度达到飞机的加速度即可，飞机的加速度一般是 0.5~0.6g，相当于每秒钟加速 5 m/s 左右，其实，人们百米跑的加速度比这大得多。这个加速度相对于普通人来说根本没有问题。而等到超级列车加速到一定速度后，它将匀速运动，那时，乘客对速度不会有任何感觉，就像航天员在太空中飞行一样平稳。因此，超级高铁系统的加速度，人还是受得了的。

2. **超级高铁系统的座椅更加舒适**

超级高铁系统的座椅大约一排三个，前后也都非常宽敞，座椅角度也能很好地符合人的身体。按照埃隆·马斯克的构想，一趟超级列车可乘坐28人。超级高铁系统的座椅设想如图 5.6 所示。图 5.7 为超级高铁商务舱的座椅设想图。

图 5.6　超级高铁的座椅设想图

图 5.7　超级高铁商务舱的座椅设想图

3. 超级高铁系统几乎没有噪声

运输车辆产生的噪声会对生活和工作在运输线路附近的人造成困扰和有害影响;而且交通噪声限制了沿线空间的潜在使用,因此可能导致土地利用的机会成本增加。噪声的影响取决于噪声源的噪声水平、接触噪声的人数以及噪声暴露的持续时间,这意味着在考虑某一交通系统时,应考虑运输的路线、速度和通过车辆的数量等因素。

(1)汽车的噪声。汽车在道路上行驶产生的噪声主要包括机动车发动机壳体的振动噪声、进气声、排气声、喇叭声、制动声以及轮胎与路面之间形成的噪声。机动车在低速运行时,以发动机壳体的振动噪声为主;在高速运行时,轮胎噪声就上升为主要噪声。测量结果表明,车速为 50~100 km/h 时,在距离交通干线中心 15 m 处,小客车噪声为 65~75 dB,中型或轻型卡车噪声为 70~85 dB,重型卡车噪声为 80~90 dB。车速加倍,交通噪声平均增加 7~9 dB。不同车辆产生的平均噪声如图 5.8 所示。

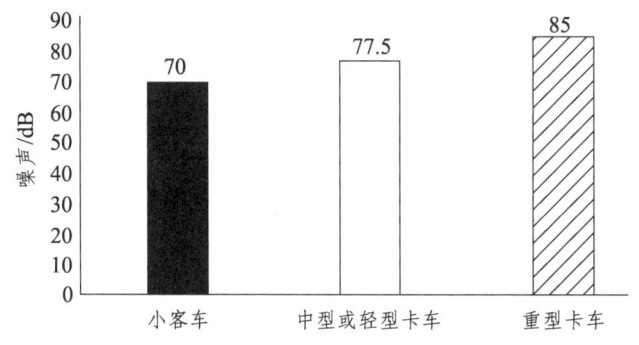

图 5.8 不同车辆产生的平均噪声对比

(2)铁路的噪声。铁路交通噪声包括信号噪声、机车噪声和轮轨噪声三部分。信号噪声因汽笛所用的蒸汽压力或风笛所用的压缩空气压力的不同而有一定的差别,在距机车的侧面 10 m 处,汽笛声可达 120~140 dB,风笛声较汽笛声低 30~40 dB。机车噪声主要包括电力机车噪声、内燃机车噪声和蒸汽机车噪声等。电力机车噪声最低,司机室内的噪声为 82~87 dB,机器间内为 98~101 dB;内燃机车的噪声相当强烈,司机室内的噪声为 99~108 dB,机器间内为 116~120 dB;蒸汽机车司机室内的噪声,通常约为 100 dB，机器间内约为 125 dB。不同机车产生的噪声对比如图 5.9 所示。

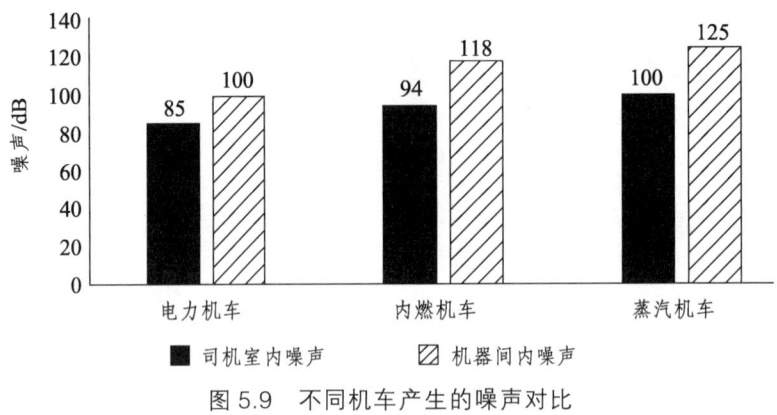

图 5.9　不同机车产生的噪声对比

（3）飞机的噪声。飞机在起飞、飞行、着陆以及地面试车时也会产生大量的噪声。飞机噪声主要有推进器噪声、排气噪声、喷气噪声、风扇噪声和附面层压力起伏引起的噪声等。飞机起飞时发出的声音约是 140 dB；普通民航客机在平稳飞行时，经济舱靠近机翼（引擎）位置的噪声为 80 ~ 90 dB，经济舱后排靠近机尾位置的噪声为 70 ~ 75 dB，商务舱噪声为 70 ~ 80 dB。飞机不同位置的噪声对比如图 5.10 所示。

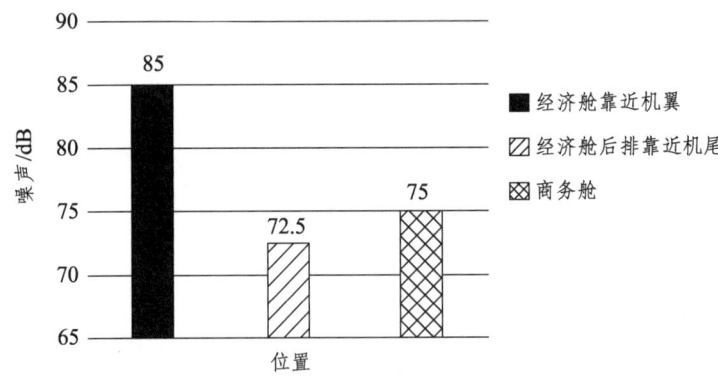

图 5.10　飞机不同位置的噪声对比

（4）超级高铁系统的噪声。超级高铁系统几乎不会产生任何影响相对较近人群的外部噪声。这是由于超级高铁系统不与管道接触，因此没有振动传递；另外，管外不会听到胶囊列车本身发出的任何噪声，管内的低气压也可防止噪声在胶囊列车内传播。在超级高铁系统中，唯一潜在的噪声源可能是真空泵，当然这一噪声也是很小的。表 5.6 为各种交通工具的噪声对照表。

表 5.6　各种交通工具噪声对照

交通工具	普通铁路	高速铁路	超级高铁	汽车	航空
噪声/[dB/（km·人）]	0.1	0.05	0.01	1	1

总之，超级高铁无论是在速度、舱内设施还是噪声影响上，相对于轮船、汽车、火车以及飞机而言，都表现出了绝对的优越性。乘坐超级高铁系统中的超级列车，人们将会体验一个完美的旅程。此外，超级高铁系统的舒适性还涉及振动、温度、空气、光线等因素，各种交通工具的舒适性对比见表 1.4。

5.2.3　超级高铁的稳定性

超级高铁系统的另一大特征是系统的稳定性。超级高铁系统主要采用太阳能进行供电，在节约能源的同时，也保证了供电系统的稳定性。超级高铁系统中的超级列车在真空管道中运行，推进系统内置于管道中，运行平稳。超级高铁系统的运行过程采用全自动化的控制系统，不易出现人为产生的错误。

1. 电力系统的稳定性

电力系统是保证列车能够运行的重要组成部分，供电系统是否稳定直接影响着列车运行的安全稳定性。超级高铁系统的动力源主要是太阳能。超级高铁系统充分利用管道上方的空间，铺满太阳能电池板，将太阳能转化成电力，超级高铁系统获得的能量将超过整个系统消耗的能量。超级高铁系统还有储存能量的设施，在不使用电池板的情况下，还能行驶一段时间。一方面，超级高铁轨道采用磁悬浮技术，不需要持续供电，大幅降低了能耗需求；另一方面，车体在接近真空的管道内悬浮运行，阻力非常低，所以整个超级高铁系统耗电量低，仅靠太阳能供电就能维持运营。总之，从稳定性的角度来看，相对于高速铁路系统，超级高铁系统的供电系统不仅更加便捷、节能，稳定性也更有保障。

2. 推进系统的稳定性

超级高铁系统的推进系统以空气压缩为主，如图 5.11 所示。超级高铁系统中的超级列车在整个行驶过程中，包括三个阶段：加速—匀速高速行驶—减速到站。超级高铁系统的推进系统的基本要求：将客舱从 0 加速到 480 km/h，以便在市区进行相对低速行驶，必要时，可在途中保持 480 km/h 的速度行驶；在直线加速区域能够以 1g（9.8 g/m²）的加速度将运行速度从 480 km/h 加速到 1 220 km/h；快到站时，将速度减至 480 km/h。超级高铁系统中的超级列车头部的风扇足以提供列车保持 1 220 km/h 的力，至于加速和减速过程的力，则由管道壁上的直线电动机来完成，出发时对列车不断加速，快到站时不断减速。

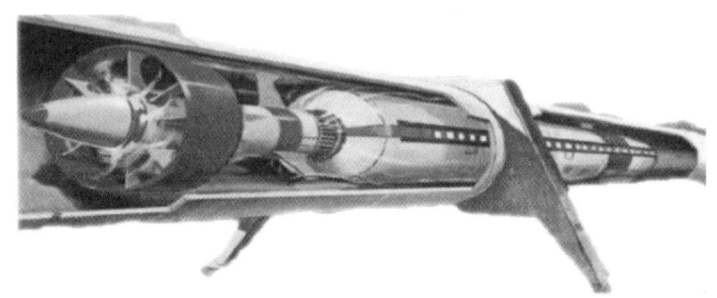

图 5.11 超级高铁的推进系统

3. 控制系统的稳定性

在现有的交通工具（轮船、汽车、火车、飞机）中，都没有实现控制系统的全自动化，大多都是人为控制。它们在运行过程中，由于人为控制的失误等因素，很容易引发各类事故，导致严重的后果。与其他交通工具相比，超级高铁系统采用一个全自动化和信息化的主动控制系统。通过这个自动控制系统，超级列车的运行、控制和维护都实现了自动化，且以诊断技术为基础，实现了运营、维护及管理的完全信息化。由于系统技术的自动化和信息化特征，超级高铁系统运行时的稳定性相对较高。

5.2.4 超级高铁的可靠性

可靠性也是交通工具的一个重要技术指标。超级高铁系统在设计时也考虑到它的可靠性，保证能够安全可靠地将乘客运送到目的地。超级高铁系统的可靠性主要体现在机舱的可靠性和管道结构的可靠性方面。

1. 超级高铁系统的机舱可靠性

超级高铁系统的机舱内包含所有基础设施、机械、电气和软件组件的超环线系统的设计等，这些可确保其在使用寿命内可靠、耐用和容错。在运行中，超级高铁系统中的超级列车一般不会在管道内停止，如果某一列车因故停止，那么它前方的列车将继续前往目的地，不会受到影响；滞留列车后面的超级列车将启动自动紧急制动系统而停车。一旦后面的超级列车都停止运行，滞留的超级列车将利用舱内的小型电动机为其提供动力，将自己安全地送往目的地。

2. 超级高铁系统的管道可靠性

超级高铁是在管道中运行的，因此在建造管道时充分考虑了它的可靠性。超级高铁系统的管道如图 3.4 所示。根据设想，真空管道将采用厚厚的钢铁管，要刺穿或折断这些管子是极其困难的，并在保证结构完整性的同时，这些管子能抵抗气压变化和气体泄漏。

5.2.5 超级高铁的经济性

经济性也是建设超级高铁系统需要考虑的主要因素之一。超级高铁系统的成本包括建设成本、运营成本、管理成本以及维护成本等。

根据埃隆·马斯克的设想，目前正在考虑使用两种版本的超级高铁系统：客用超级高铁系统和客货两用超级高铁系统。由于两者的要求和功能不同，它们的成本也有所差异。

1. 超级高铁系统的建设成本

超级高铁系统的建设成本主要包括车辆成本、管道成本和车站成本。

（1）超级高铁系统的车辆成本。超级高铁系统的车辆成本包括车辆的外部结构、内部装饰、电池以及推进系统等成本。超级高铁的外部结构包括乘客舱、车窗和车门等，客用超级高铁整体外部结构总体成本不超过 24.5 万美元，客货两用超级高铁整体外部结构总体成本不超过 27.5 万美元。超级高铁的内部结构包括座椅、约束系统、内部和车门面板、行李箱和娱乐显示屏等。客用超级高铁整体内部结构的总成本目标不超过 25.5 万美元，客货两用超级高铁整体内部结构的总成本目标不超过 18.5 万美元。超级高铁的车辆预期成本见表 5.7。

表 5.7 超级高铁的车辆预期成本

序号	车辆部件	客用超级高铁费用/万美元	客货两用超级高铁费用/万美元
1	整体架构	24.5	27.5
2	座椅和内饰	25.5	18.5
3	推进系统	7.5	8
4	悬架和空气轴承	20	26.5
5	电池、电机和冷却液	15	20
6	空气压缩机	27.5	30
7	紧急制动	5	7
8	管理系统	10	15
9	总体成本	135	152.5
10	所有列车总计	5 400	6 100

（2）超级高铁系统的管道成本。超级高铁系统经过对管道内径的优化，可以在缓解列车周围阻塞气流的同时，保持低材料成本。为了使成本降到最低，超级高铁选用了一种等厚钢管作为内直径钢管的首选材料。客用超级高铁管道的管壁厚度在 2.0~2.3 cm，包括预制管段、加强钢筋和紧急出口等，该管道的成本预计将低于 6.5 亿美元；客货两用超级高铁管道的管壁厚度在 2.3~2.6 cm，在这种情况下，管道的成本预计将低于 12 亿美元。为了限制空气泄漏到管道中，真空泵将沿管道在不同位置连续运行，以保持所需的压力。所有真空泵的预期成本预计不超过 1 000 万美元。

超级高铁系统的管道将由支柱支撑，建筑材料选取成本极低的钢筋混凝土。客用超级高铁管道的支柱结构和管道接头的成本预计不超过 25.5 亿美元，客货两用超级高铁管道的支柱结构和管道接头的成本预计不超过 31.5 亿美元。另外，超级列车在运行过程中，需要太阳能电池板对其进行供能。超级高铁的管道建设预期成本见表 5.8。

表 5.8 超级高铁的管道建设预期成本

序号	部件	客用超级高铁费用/亿美元	客货两用超级高铁费用/亿美元
1	管道结构	6.5	12
2	真空泵	0.1	0.1
3	隧道工程	6	7
4	管道支柱	25.5	31.5
5	太阳能电池板	2.1	2.5
6	总体费用	40.6	50.6

（3）超级高铁系统的车站成本。超级高铁系统的车站建造费用主要包括车站外部结构和车站内部基础设施。超级高铁车站的设计力求简约实用，乘车流程和布局比高铁站、机场等简单得多，每个车站的预期成本约为 1.25 亿美元。根据马斯克的设想，一条线路预期对列车的需求是 40 辆，客用超级高铁整个系统的建设总成本约为 60 亿美元（见表 5.9）。

表 5.9 客用超级高铁整个系统的建设总成本

序号	部件	费用/百万美元
1	机舱	54（40个胶囊）
2	机舱的整体结构和舱门	9.8
3	内饰和座椅	10.2
4	压缩机	11
5	电池和电子设备	6
6	推进系统	5
7	悬架和空气轴承	8
8	组装费用	4
9	管道总费用	5 410
10	管道结构	650
11	塔架费用	2 550
12	隧道费用	600
13	推进系统	140
14	太阳能电池板	210
15	场站和真空泵	260
16	土地征用费用	1 000
17	成本浮动	536
18	成本总计	6 000

超级高铁系统的运营线路是管道，而管道由高架支撑，远离地面，从而减少了对土地资源的占用。两个城市之间的真空管道与高速铁路一样搭建在地上，可以搭建两根管道，供两个方向行驶。因此，超级高铁系统建设成本比其他交通工具的建设成本低。超级高铁系统与其他交通方式的建设成本对比见表 5.10。

表 5.10 超级高铁与其他交通方式的建设成本对比

交通方式	建设成本	备 注
超级高铁	1	设超级高铁的成本为基数 1
高速公路	4	
高速铁路	10	

2. 超级高铁系统的运营成本

超级高铁系统的运营成本是运输企业进行运输生产活动所发生的各项费用，如职工工资以及燃料、电力、固定资产的折旧等，这些费用综合构成了运营总成本。通过对比超级高铁与高速铁路以及飞机的运营成本，充分说明其经济性。

（1）超级高铁系统的运营成本。超级高铁系统主要使用太阳能进行供电，能量利用率高；在运行过程中，采用全自动的控制系统，对员工需求量不大；再加上超级高铁在设计时，保证了其使用寿命，这些都使其运营成本大幅度下降。由于减少了接触摩擦和空气摩擦，真空管道运输比任何传统交通工具耗费的能源都少，超级高铁系统每千瓦时的运输能力是高铁的 50 倍。超级高铁系统将采取太阳能供电方式，在系统中装上太阳能电池板后，获取的能量将超过消耗所需。

（2）高速铁路系统的运营成本。高速铁路系统的运营成本主要包括：高铁在运营过程中运输设备所消耗的材料、燃料、电力和其他耗材；直接从事营运生产活动的人员工资、奖金、津贴、补贴以及福利等费用；固定资产折旧费；运营过程中发生的季节性损失、修理期间的停工损失、事故净损失等。我国运行速度 350 km/h 的高铁每小时耗电 9 600 kW·h，250 km/h 的高铁每小时耗电 4 800 kW·h。按照中国电网电费的收费标准，每千瓦时工业用电收费 1 元左右，350 km/h 的高铁每小时大概花费 1 万元。高速铁路固定资产的折旧主要包括三部分：土建工程的折旧、高速列车车辆的折旧、行车组织调度的通信信号和安全设备的折旧。一般来说，固定资产的折旧在高速铁路运输总支出中占 45%～50%，在运营成本中也占有相当高的比例。高速铁路运营成本见表 5.11。

表 5.11　高速铁路系统的运营成本

支出指标		费用
能耗费用	牵引供电费/（元/km）	0.02
	其他材料支出/（元/km）	0.008 8
员工工资	高速列车公里乘务员工资/（元/km）	1.5
车站费用	车站服务费用/（元/千人）	1 500
	车站站舍相关支出/（元/千人）	2 250
折旧费用	高速列车折旧/（元/h）	2 480
	信号设备折旧/（元/h）	580
其他费用	给水站费用/（元/km）	9
	排污站费用/（元/km）	3.5

（3）飞机的运营成本。飞机的运营成本主要包括以下方面：飞机租赁费；飞机在运营过程中的燃料费用；人力成本，主要包括飞行员、乘务员、机务等相关人员的工资以及福利；飞机折旧，主要包括航空材料消耗件摊销、高价周转件摊销、飞机在飞行过程中的折旧等；飞机上餐食和饮料等供品的费用；飞机在机场起落时，机场公司所收取的起降费用；外站航班的航务代理费用和管制部门征收的航路费。飞机运营中最大的成本是飞机的燃油费，基本占整个航空公司运营成本的 30%～40%。一架载客 160～189 人的波音 737 飞机，一小时的燃油消耗在 2.5～3 t，1 小时成本就在 11 250～13 500 元。飞机每年折旧大约是当前值的 10%，就当前中国民航来说，这也是飞机运营成本核算的主要方面。某一型号的飞机运营成本见表 5.12。

表 5.12　飞机运营成本

序号	成本指标	费用/(元/h)
1	燃料费	2 802
2	机组费用	300
3	乘务组费用	140
4	着陆费	2 600
5	餐饮费	425
6	保险费	636
7	折旧费	4 453

总之,通过以上分析,超级高铁系统的运营成本要比高铁和飞机低得多。超级高铁系统与其他交通方式的运营成本对比见表 5.13。

表 5.13　超级高铁与其他交通方式的运营成本对比

交通方式	运营成本	备注
超级高铁	1	设超级高铁的成本为基数 1
高速铁路	3	
飞机	6	

3. 超级高铁系统的维护成本

各种交通工具在运行过程中都会出现一定程度的损耗,甚至故障,这就需要对车辆、线路以及各个部件等进行日常维护或维修。

(1)飞机的维护成本。飞机的维修成本包括针对机身、发动机和部件维修所需的人力成本和材料成本,主要包括航线维修、系统维修、发动机维修、结构维修以及区域维修等。航线维修是最低级别,也是最基础的维修活动,也可以说是日常维护和勤务。从工作内容来看,航线维修的主要成本就是人力成本,约占维修总成本的 13%。另外,飞机的字母检(A～C 检)所占维修总成本的比例较小,约占 7%;飞机大修(D 检)约占维修总成本的 13%;部件维修约占维修总成本的 28%;发动机是飞机最重要的部件之一,因此它的修理成本所占比例最大,约占39%。飞机维修成本分布如图5.12所示。

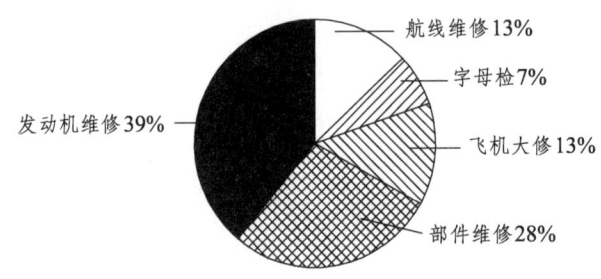

图5.12 飞机维修成本分布

(2)高铁的维护成本。高铁的维护成本主要是运输设备养护修理所耗费的人工、材料以及其他费用,包括对高铁的定期维修费用、高铁大修费用、通信信号维修费用、线路维修费用、牵引供电设备维修费用等。高铁的维护成本见表5.14。

表5.14 高铁的维护成本

序号	成本指标	费用
1	高速列车定期维护费用/(元/km)	26
2	高速列车大修费用/(元/km)	10
3	通信信号维护费用/(元/km)	22
4	线路维修费/[元/(t·km)]	0.010 2
5	牵引电设备维修费/[元/(t·km)]	0.013 5

(3)超级高铁系统的维护成本。超级高铁系统速度快,使用率高,导致存在相对较高的维护成本。但超级高铁系统中的管道、车站和机车车辆的维护成本,仅占基础设施成本的30%以下,该维修成本与建设成本的比率要小于铁路。由此可以看出,超级高铁系统的维护成本并不高。

4. 超级高铁系统的管理成本

超级高铁系统的管理费用主要是管理人员的费用。就管理人员成本而言,因为整个超级高铁系统都是全自动化的,需要的管理人员并不多,管理人员的成本比运营人员的成本还低，这些成本通过将运营员工成本增加10%来计入。超级高铁系统的管理费用主要包括企业管理人员的工资、奖金、津贴以及补贴等，这部分成本一般计算在运营成本中，与运营人员的成本接近。运输工具的运营成本、维护成本以及管理成本可以统称为运输成本。由于各类运输工具的特点不同，它们的运输成本也不尽相同，影响运输成本的因素见表5.15。

表5.15 影响运输成本的因素

影响因素	影响原因	表现形式
运送距离	直接对劳动、燃料和维修保养等变动成本发生作用	固定成本的分摊额随着运距的增加而减少
运载量	对变动成本发生作用	固定成本的分摊额随着运载量的增加而减少
运输工具装载能力的运用	运输工具更多受到的是容积限制，从而影响变动成本	装载能力利用越充分，运输成本越低
运输事故损失	影响间接成本	事故的损失造成间接成本增加
运输需求的不平衡性	影响运力的配备和运输的经济性	方向不平衡性会造成空驶，时间不平衡性会造成机会成本和固定成本的损失

各种交通工具运输成本的特点也不尽相同。根据各种交通工具运输成本特点的分析，各种交通工具的优缺点见表5.16。

表5.16 各种交通工具运输成本的优缺点

交通工具	优点	缺点
公路运输	建设投资少，资金周转较快，回收期比较短	能耗和单位运输成本高，不适用于大宗、长距离运输
水路运输	运输成本低，投资少	无法形成全国性的水运网
铁路运输	原料支出少，运输成本低	基础设施建设投资较大
航空运输	建设周期短，投资较少，投资回收快	飞机造价非常高，运输成本高，能耗量很大，相对运输能力小
管道运输	能耗小，运输成本低	基础设施建设投资成本较大，对金属的消耗量也大

5.3 小　结

　　超级高铁系统作为一种新型的交通运输方式，无论是从系统科学角度还是从经济成本角度来看，都有绝对的优势。超级高铁系统相对于其他运输方式，速度快、输送能力强、安全性好、能源消耗低、对环境影响小、舒适方便、经济效益可观。超级高铁系统以其特有的技术优势满足了大家对出行方式越来越高的需求，一旦投入运营，将是长途运输中的一大里程碑。超级高铁系统或许在未来能够引发交通领域的革命，促进人类社会的进步，但是在技术层面还存在着不少问题，这需要学者们不断去研究和探讨，循序渐进，持续发展。

6 超级高铁的发展态势

超级高铁系统是一种远距离运输方式,可以使人以 1 200 km/h 的速度旅行。实质上,超级高铁系统就是在排出空气形成真空空间的长管道内,使超级高速列车悬浮于其中,以便减小天气等对它的影响。乘客可以选择单人舱或多人舱,然后在磁力作用下加速。那么,与其他交通运输工具相比,超级高铁系统的优势仅仅是速度吗?

6.1 超级高铁的优越性

6.1.1 速 度

速度一直是人类永恒的追求。自从 19 世纪蒸汽机车问世以来,人类不断地改造着交通工具。从自行车、摩托车、汽车、飞机、火车,甚至磁悬浮列车,交通工具的速度越来越快,这也反映了科技的飞速发展,不停刷新着人们对速度的认识。运营速度是衡量交通工具先进性的标准之一。

1. 铁路系统的速度

目前的铁路系统按照速度分为普速铁路系统、快速铁路系统、高速铁路系统。

(1)普速铁路系统的速度。普速铁路简称普铁。普速铁路系统是指设计速度低、只能使列车以普通速度行驶的铁路。中国普速铁路是指不大于 160 km/h 速度级别的非客运专线,以及不大于 140 km/h 速度级别的客运专线,最常见的就是俗称"绿皮火车"的普速列车,见图 6.1。普速铁路虽然速度档次低,但它是世界铁路系统的主体。

图 6.1 普速列车

（2）快速铁路系统的速度。快速铁路简称快铁。快速铁路系统是指设计速度标准介于普速铁路和高速铁路之间的铁路，见图 6.2。国际上早已区分铁路的普速、快速、高速、更高速等，中国引入快速铁路概念，以便更好地对铁路按照速度等级进行分类。快铁是我国现代化铁路建设中的主流，在长途领域是客货共线，以满足多种需要。高铁时代的中国，快速铁路是指设计速度为 160~250 km/h（含预留）的铁路。

图 6.2 快速列车

（3）高速铁路系统的速度。高速铁路简称高铁。高速铁路系统是指基础设施设计速度标准高、可供列车在轨道上安全高速行驶的铁路系统。高铁在不同国家、不同时代以及不同的科研学术领域有不同的规定。中国国家铁路局将中国高铁定义为设计开行速度 250 km/h 以上、初期运营速度

250 km/h 以上的客运列车专线铁路,并颁布了相应的《高速铁路设计规范》文件,见图 6.3。之后,又将中国高铁定义为速度 250 km/h 及以上标准的新线或既有线铁路,并颁布了相应的《中长期铁路网规划》文件,将部分速度 200 km/h 的轨道线路纳入中国高速铁路网范畴。

图 6.3 高速列车

2. 磁悬浮交通的速度

基于"异性相吸,同性相斥"原理,磁悬浮列车利用电磁力使车体悬浮在轨道之上,并通过电磁力推动车辆运行。列车在运行过程中不与地面接触,消除了轮轨系统的摩擦阻力,可以达到很高的运行速度。因此,磁悬浮列车是一种现代高科技轨道交通工具,见图 6.4。

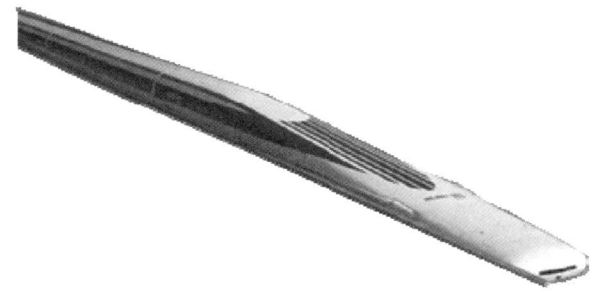

图 6.4 磁悬浮列车

磁悬浮列车最大的特点是在运行过程中不存在轮轨系统无法消除的摩擦阻力,只剩下空气阻力,运行速度可以超过 400 km/h,甚至可以达到 600 km/h。比如德国的超高速磁悬浮列车的运行速度就超过了 430 km/h,

而日本的超高速磁悬浮列车的最高速度记录是 603 km/h。由于磁悬浮列车不受摩擦阻力影响，理论上可以达到很高的速度，但由于受空气阻力限制，也只能运行在 400～1 000 km/h，运营速度 1 000 km/h 是磁悬浮列车的预警阈值，超过该速度，其运营成本会很高。磁悬浮列车从悬浮机理上可分为电磁悬浮（Electromagnetic Suspension，EMS）和电动悬浮（Electrodynamic Suspension，EDS）两种。而本书将磁浮列车分为三种，见表 6.1。

表 6.1 磁浮列车的类型

序号	类　型	速度/（km/h）	名　　称	主要国家
1	第一类型	400～600	低温磁浮列车	日本、德国
2	第二类型	600～800	常温磁浮列车	日本
3	第三类型	800～1 000	高温磁浮列车	—

磁悬浮列车是利用超导磁体使车体上浮，通过周期性变换磁极方向而获取推进动力的列车。磁悬浮列车除速度快之外，还具有低噪声、无振动、省能源的特点，有望成为 21 世纪的主力交通工具。

3. 客运飞机系统的速度

客运飞机，简称客机。客运飞机是体型较大、载客量较多的集体飞行运输工具，用于来往国内各城市及各国的商业航行，见图 6.5。执行商业航班飞行的客机主要分为干线客机、支线客机。客机按航程分为短程客机、中程客机、远程客机，按起飞重量与载客量分为小型客机、中型客机、大型客机，按驱动方式分为螺旋桨式客机、喷气式客机。

图 6.5 客运飞机（波音 787）

不同类型客机的速度不同,一般为 700~1 000 km/h。波音 737 巡航速度能达到 918 km/h,波音 747 巡航最快可以达到 1 120 km/h。飞机作为目前最快的交通工具,使长距离出行的时间变短,同时载客量也大,是人们跨国旅行的首选。

4. 超级高铁系统的速度

虽然磁悬浮列车不受摩擦阻力,却受空气阻力的影响,运行速度会有界限。为了减少空气阻力,更进一步提高运行速度,满足人类快速出行要求,基于"真空管道"概念,提出了超级高铁,预计其运行速度可达 1 200 km/h,见图 6.6。

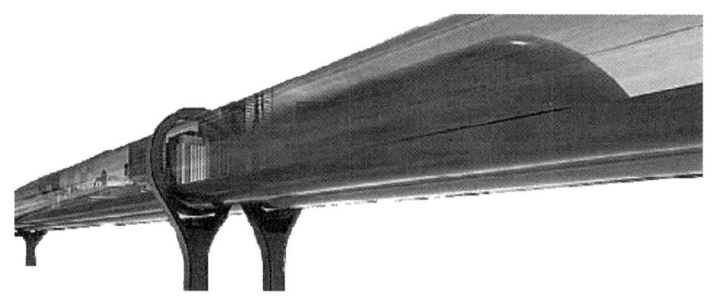

图 6.6 超级高铁

由于在真空管道中没有摩擦阻力和空气阻力,超级列车就可以"任性"运行,理论最高速度在 10 000 km/h 以上。本书将超级高铁系统分为三种,见表 6.2。

表 6.2 超级高铁类型

序号	类型	速度/(km/h)	名 称	主要国家	备 注
1	第一类	1 000~1 200	低音速超级高铁	美国	音速:340 m/s,即 1 224 km/h
2	第二类	1 200~10 000	中音速超级高铁	—	
3	第三类	10 000 以上	高音速超级高铁	—	

常见的交通出行工具分别为汽车、铁路、磁悬浮、飞机。为了方便读者了解各类交通出行工具的运行速度,具体对比见表 6.3 和图 6.7。

表6.3 不同出行工具的运行速度

序号	名称	速度/（km/h）	备注
1	汽车	40~120	
2	普速铁路	<160	
3	快速铁路	160~250	
4	高速铁路	>250	音速：340 m/s，即1 224 km/h
5	磁悬浮	400~1 000	
6	客运飞机	700~1 000	
7	超级高铁	>1 000	

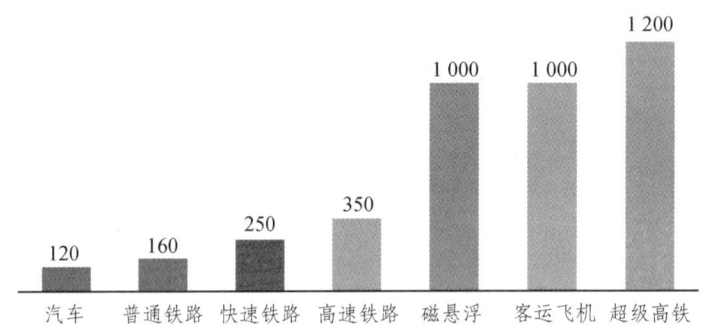

图6.7 不同出行工具的运行速度（单位：km/h）

6.1.2 能耗

交通运输行业是能耗大户，每年都会消耗大量的能源。一般汽车利用汽油或柴油作为液体燃料，发动机产生热量并驱动汽车行进。电力机车利用电力牵引，不消耗宝贵的石油等液体燃料，可利用多种形式的能源。

超级高铁系统的管道上铺设太阳能电池板，能够产生足够的电能维持低能耗运行（约为飞机能耗的1/3），甚至可以使超级高铁储存能源。以平均每人千米的能耗来计算，各种交通运输工具平均每人千米的能耗均不同，见表6.4和图6.8。

表 6.4 不同交通方式平均每人千米的能耗

交通方式	普通列车	高速铁路	公交车	小汽车	飞机	超级高铁
能耗/[J/(人·km)]	403.2	571.2	583.8	3 309.6	2 998.8	999.5
能源	电力	电力	汽油或柴油	汽油或柴油	汽油或柴油	电力

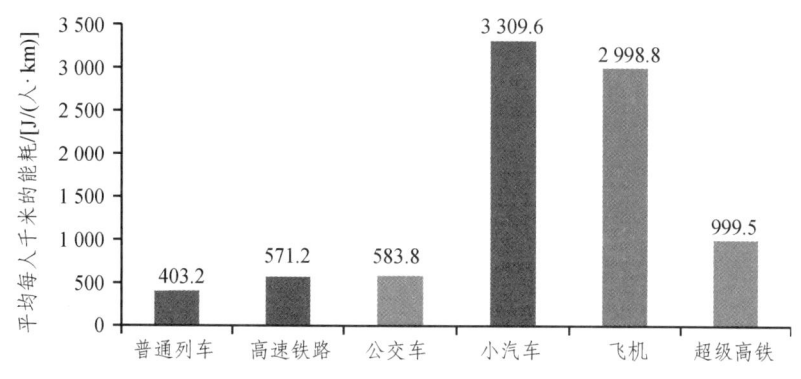

图 6.8 不同交通方式平均每人千米的能耗

6.1.3 运输能力

超级高铁系统的运输能力大,按照埃隆·马斯克的计划,一条超级高铁每日可以单向运送 16.4 万名乘客,每 40 s 就可发车一次,即每小时可以发车 90 列,一年可以运送乘客 5 986 万人次。而一条高速公路一年最大客运量不会超过 1 000 万人次;一条高铁线路一年客运量可达到 1.5 亿人次。数据显示,一条超级高铁线路的运送能力小于高速铁路。比如,高铁运载量约为航空运载量的 10 倍、高速公路运载量的 5 倍、超级高铁的 2.5 倍,而超级高铁的运载量约为航空运载量的 3 倍、高速公路运载量的 1.5 倍。但是真空管道的运输成本很低,只有高速公路的 1/4,高铁的 1/2;高铁运输成本是航空运输的 1/5,高速公路运输的 2/5。不同交通方式的运输能力对比见表 6.5,最大运输能力对比见图 6.9。

表 6.5　不同交通方式的运输能力

序号	运输方式	超级高铁	高速铁路	高速公路	航空运输
1	运载量 （以高级高铁为基准）	1	2.5	1/1.5	1/4
2	运输成本 （以高级高铁为基准）	1	2	4	10

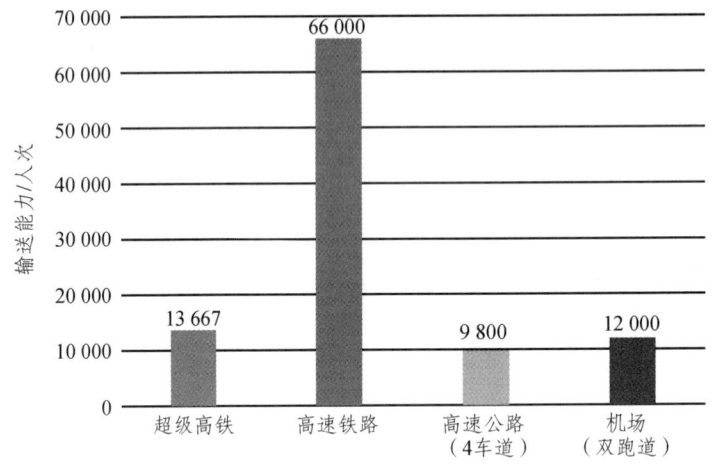

图 6.9　超级高铁与其他主要运输方式的小时双向最大输送能力对比

6.1.4　安全性

高速铁路问世以来，日本、德国、法国、中国等高铁国家，一天要发出上千对的高速列车，即使计入发生的几起事故，其事故率及人员伤亡率也远远低于其他现代交通运输方式。因此，高铁被认为是最安全的交通运输工具。统计表明：全世界由于公路交通伤亡事故每年一般死亡 30 万～50 万人，每 10 亿人千米的平均死亡数高达 140 人；每年全球民用航空交通中有 50 架左右飞机坠毁，2 000 多人丧生。表 6.6 为日本每 10 亿人千米死亡人数。

表 6.6 日本每 10 亿人千米死亡人数

序号	运输方式	死亡人数
1	铁路	1.971
2	汽车	18.929
3	飞机	16.606

根据中国铁道科学研究院在"我国高速铁路的社会成本及其对社会的贡献"课题研究中公布的数据，我国交通运输每亿人千米交通事故死伤人数中，公路为死亡 10.5 人（重伤 24.88 人），铁路为死亡 0.29 人（重伤 0.72 人），如图 6.10 所示。

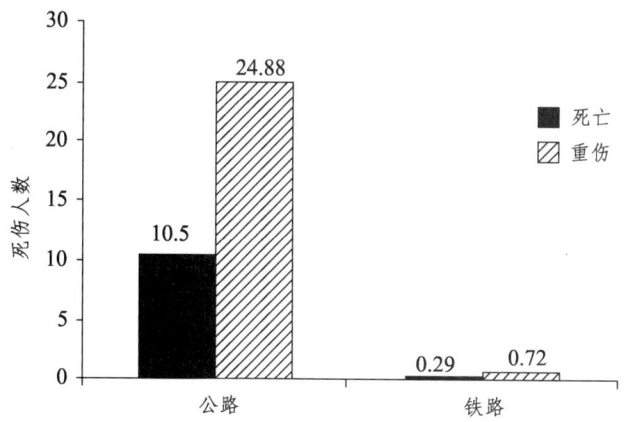

图 6.10 我国公路和铁路每亿人千米交通事故死伤人数

对于大气环境下的各种交通方式，包括航空、水运、公路以及铁路等在内的运输而言，环境往往是决定性因素之一。但对于真空管道交通而言，环境的影响从根本上被限制了。因此，通常情况下，人们根本也无须考虑风、雾、雨与雪对真空管道交通的影响。虽然超级高铁系统还未进行商业运营，现未有详细的安全事故数据统计，但从运行技术及运营环境角度来说，普遍认为利用真空管运行的超级高铁系统的安全性高于高速铁路系统。

6.1.5 舒适性

高速铁路运行车辆空间大，旅客卧、坐、行都比其他交通方式更加舒适。高速列车车内布置非常豪华，工作、生活设施齐全，座席宽敞舒适，走行能力好，运行非常平稳，而且减振、隔音，车内很安静。而超级列车除了包括高速列车的优点外，其内部设计考虑到乘客的安全性和舒适性，座椅很好地符合人体工学。尽管真空运输管道能够达到让人难以置信的速度，但是乘客却只能感受到很小的爆发加速力，这能使乘客在高速加速过程中保持很好的舒适性和安全性。另外，由于超级高铁系统的运输舱是在管道内运行，乘客并不能亲眼看到车窗外各地的风景，考虑到这一点，运输舱内将采用增强现实车窗，这样不仅能把车窗外的现实世界展示出来，还可以在此基础上增加具有娱乐属性的数字信息，使乘客在旅途中充满欢乐。超级高铁与轮轨铁路的舒适性对比如图 6.11 所示。

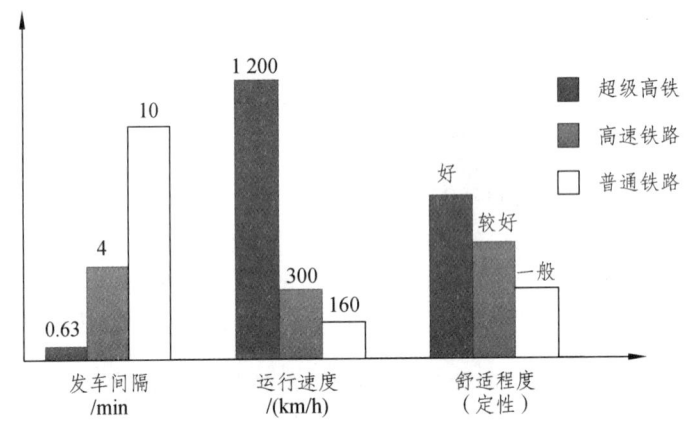

图 6.11　超级高铁与轮轨铁路的舒适性对比

列车运行时，都有一定的交通噪声问题。环保国际标准规定：距离车辆中心 25 m、高 1 m 处所测得的噪声水平不得超过 75 dB。而列车速度超过 200 km/h 时噪声就可能会超过此标准。噪声标准常常也是速度受限的一个重要因素。如德国的磁浮列车，速度 400 km/h 时，噪声达到 89 dB；速度 430 km/h 时，噪声达到 93 dB。通常人们认为磁浮列车没有轮轨接触就没有噪声和振动，这在低速之下是有可能的，因为低速时是以机械振动噪声为主；高速时，就会以空气动力性噪声为主，其大小随速度的 6~8 次方而急剧增加，这是任何大气中的交通工具都存在的客观规律，悬浮与否，已经没有实质性差别了。速度对轨道沿线的噪声污染有着不可忽视的影响，对人的心理和生理也会产生不良影响。

超级高铁系统中，超级列车在真空管道中行驶时不会有气动噪声，不会对乘客的健康产生不良影响。统计表明：一只蚊子的声音是 40 dB，飞机飞行时客舱内的噪声约为 81 dB，速度 120 km/h 的小汽车噪声约为 76 dB，速度 380 km/h 的中国高速铁路动车组列车车厢内噪声约为 68 dB，超级高铁由于在真空管中运行，车厢内噪声约为 0，具体数据如图 6.12 所示。

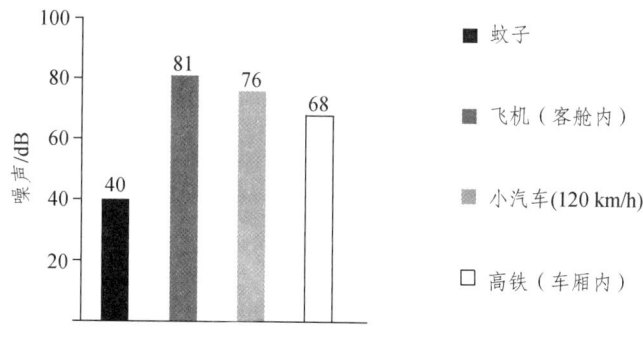

图 6.12 不同交通工具噪声对比

6.1.6 经济性

交通运输建设需要考虑建设成本，建设成本太高，将导致运营成本偏高，势必增加旅客的出行成本。如果旅客因为经济压力不选择这种出行方式，也会增加各运营公司的财政负担和金融负担。高铁的建设成本每千米为 3 000 万~6 000 万美元（中国高铁建设成本：250 km/h 高铁建设成本每千米约 8 000 万人民币，350 km/h 高铁建设成本每千米约 1.3 亿人民币）。关于超级高铁系统的建设成本，根据埃隆·马斯克的估计：从旧金山到洛杉矶的超级高铁成本为 60 亿美元，即每英里（1 英里约等于 1.6 km）约 1 150 万美元。而 Hyperloop Transportation Technologies 宣布可以将每英里成本控制在 500 万～2 000 万美元，每千米建设成本为 301 万～1 243 万美元。由于超级高铁系统采用密封真空管道代替了轨道，造价成本也大大降低，仅为高铁建设成本的 1/10～1/5。具体对比见图 6.13。

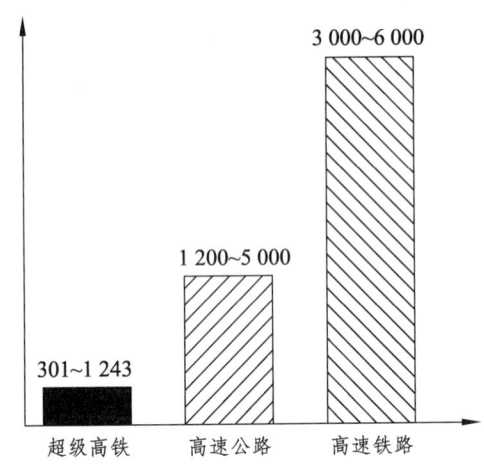

图 6.13　超级高铁与其他交通方式的建设成本（单位：万美元）

6.2　超级高铁的发展愿景

世界七大洲中，除南极洲外，都有国家分布。高铁系统能够串联起不同的区域，促进区域一体化。不同类型的高铁，促进不同的区域一体化。比如轮轨高铁系统促进了区域一体化；磁浮高铁系统促进了各洲一体化（亚欧一体化、欧非一体化）；超级高铁系统则会促进全球一体化，即"地球村"。而且超级高铁系统开通后不仅是连接中国和周边区域的交通运输通道，还是连接中国和其他各洲国家铁路网建设的交通运输通道，将推动中国与各洲国家连接起来，对区域合作和洲际融合具有重大意义。

6.2.1 各洲一体化

世界各洲之间，如果能够依托一个高速铁路大陆桥连接，按照现有的高速铁路运营速度，从东亚至北美将耗时不到两天。但对于超级高铁系统来说，可能只需要 2 h，大大提高了出行速度。所以，对于超级高铁系统而言，世界各洲实现一体化是极其容易的事情。

1. 基于超级高铁的欧洲一体化

欧洲位于东半球的西北部，北临北冰洋，西濒大西洋，南滨大西洋的属海地中海和黑海。大陆东至极地乌拉尔山脉，南至马罗基角，西至罗卡角，北至诺尔辰角。欧洲东以乌拉尔山脉、乌拉尔河，东南以里海、大高加索山脉和黑海与亚洲为界，西隔大西洋、格陵兰海、丹麦海峡与北美洲相望，北接北极海，南隔地中海与非洲相望（分界线为：直布罗陀海峡）。欧洲是世界上第二小的洲，仅比大洋洲大一些，它与亚洲合称为亚欧大陆，而与亚洲、非洲合称为亚欧非大陆。

欧洲的高速铁路线四通八达，按照计划将在未来形成全欧洲高速铁路网。但是欧洲对超级高铁的研发相对滞后。不过，美国超级高铁 1 号公司（Hyperloop One）试图进军芬兰和瑞典：据英国《每日邮报》报道，美国超级高铁 1 号公司，将在欧洲建成世界首架规模完备的"超级高铁"，连接芬兰首都赫尔辛基和瑞典首都斯德哥尔摩，速度可达 1 126 km/h。赫尔辛基和斯德哥尔摩相距约 500 km，乘飞机需要 1 h，乘船则需要 16 h 才可到达。超级高铁系统建成后，可以将两地的通行时间缩短至 28 min。由于目前超级高铁还在试验阶段，尚未真正商业化运营，因此离各国的超级高铁系统真正建设还有一段时间。但可以确信，各洲的超级高铁网将首先在各国家重要城市（比如首都）之间建立。欧洲的超级高铁网络示意图如图 6.14 所示。

筑梦超级高铁

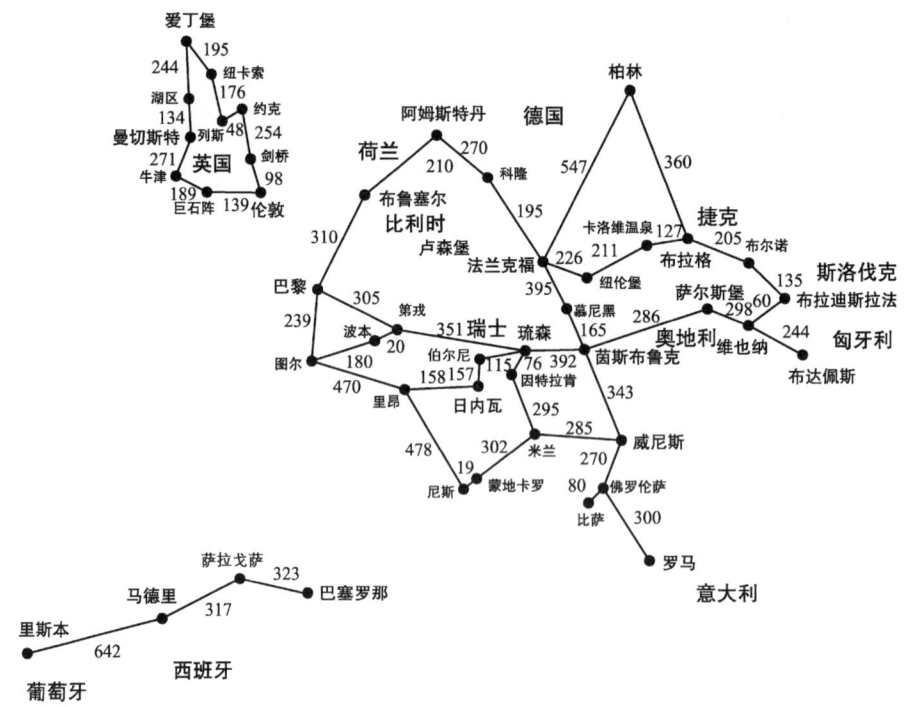

图 6.14　欧洲超级高铁网络示意图

2. 基于超级高铁的亚洲一体化

亚洲是七大洲中面积最大、人口最多的一个洲。其覆盖地球总面积的 8.7%（或占总陆地面积的 29.4%）。亚洲绝大部分地区位于北半球和东半球。亚洲与非洲的分界线为苏伊士运河，苏伊士运河以东为亚洲。亚洲与欧洲的分界线为乌拉尔山脉、乌拉尔河、里海、大高加索山脉、土耳其海峡和黑海。乌拉尔山脉以东及大高加索山脉、里海和黑海以南为亚洲。亚洲西部与欧洲相连，形成地球上最大的板块——亚欧大陆。

亚洲已经规划过泛亚铁路（Trans-Asian Railway，TAR）。泛亚铁路是一个统一的、贯通亚欧大陆的货运铁路网络。亚洲 18 个国家和地区的代表于 2006 年 11 月 10 日在韩国釜山正式签署《亚洲铁路网政府间协定》，筹划了近 50 年的泛亚铁路网计划最终得以落实。按照协定规划，不久的将来，4 条"钢铁丝绸之路"构成的黄金走廊就可以把亚欧两大洲连为一体，纵横交错的干线和支线将编织起一个巨大的经济合作网络。然而超级高铁系统不同于高速铁路，因其运营速度及管道铺设的原因，与站点建设附近的环境、人口、经济、地形都有密切关系。亚洲超级高铁网络示意图如图6.15所示。

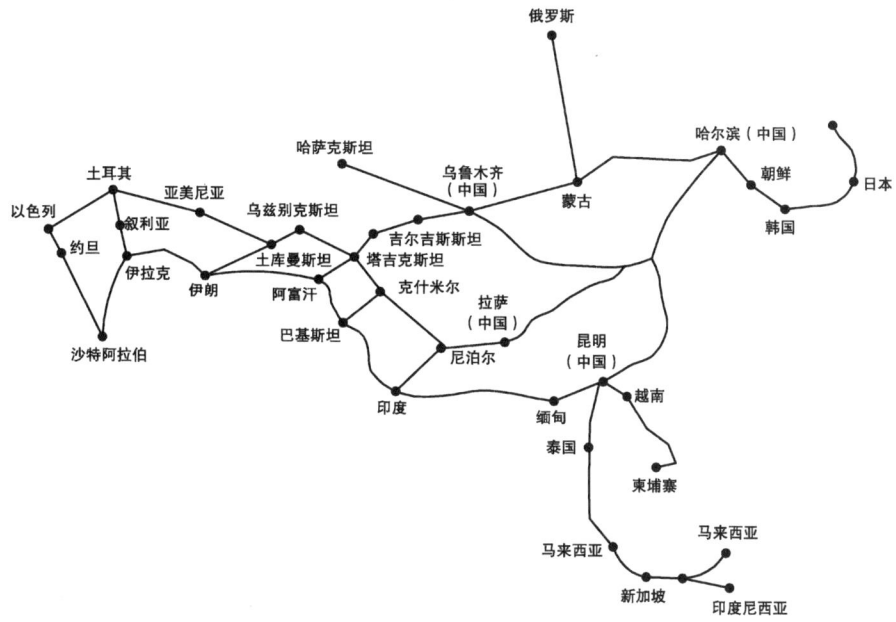

图6.15　亚洲超级高铁网络示意图

3. 基于超级高铁的美洲一体化

美洲是南美洲和北美洲的合称，也是"亚美利加洲"的简称，又称新大陆。北亚美利加洲，简称北美洲，位于西半球北部，东滨大西洋，西临太平洋，北濒北冰洋，南以巴拿马运河为界与南美洲相分。北美洲除包括巴拿马运河以北的美洲外，还包括加勒比海中的西印度群岛。南亚美利加洲，简称南美洲，位于西半球的南部，东濒大西洋，西临太平洋，北滨加勒比海，南隔德雷克海峡与南极洲相望。

现在美洲各国除了美国在加州的洛杉矶到旧金山有超级高铁的试验计划外，其余各国尚未有超级高铁的规划。因此，超级高铁的美洲一体化可以参考高速铁路在美洲路网的规划。美洲超级高铁路网规划如图6.16所示。

图 6.16 美洲超级高铁路网规划

4. 基于超级高铁的非洲一体化

非洲全称阿非利加洲，位于东半球的最西部，为世界第二大洲。非洲西临大西洋，东濒印度洋，北与欧洲隔地中海相望，东北与亚洲相邻，赤道横贯中部，共有 57 个国家和地区，其中苏丹面积最大，尼日利亚人口最多。

高铁系统是高投入、高成本的项目，目前全球范围内，高铁综合效益较好的线路普遍分布在人口密度高、经济发达的城市群之间，而非洲的大城市近几十年来人口膨胀迅速，但经济发展程度却无法相应提高，短期内恐难支持高铁运营的成本。因此，非洲在未建立成熟的高铁网络之际，其超级高铁系统计划遥遥无期。因此，非洲超级铁路系统下一体化规划可以参考非洲的高速铁路规划网络，主要在沿线大城市之间建设，如图 6.17 所示。

·6 超级高铁的发展态势·

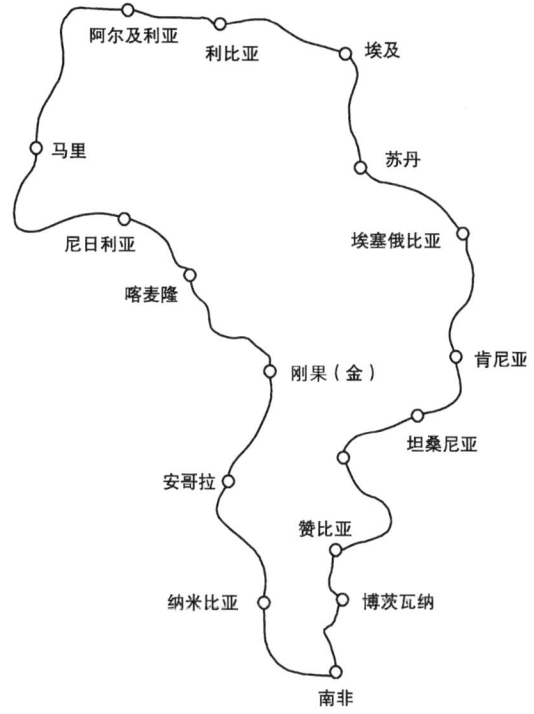

图 6.17 非洲超级高铁路网规划

6.2.2 区域一体化

高速铁路创造了城市发展新的增长点,推动了中心城市与卫星城镇一体化,增强了中心城市对周边城市的辐射带动作用,强化了相邻大城市的"同城效应"(见图 6.18)。特别随着世界各国大力发展高速铁路,在可预计的未来,高速铁路将成为连接各地区国家的主要地面交通方式,将与空中航线一并开启"地球村"时代,坐着高速铁路周游世界将成为旅游时尚。

1. 基于超级高铁的亚欧一体化

超级高铁作为高速铁路之后又一种新的交通运输方式,随着技术不断完善,世界各国和地区之间,超级高铁系统构建的可能性越来越大。超级高铁系统的安全性高、车次多、时间间隔短等特点,使世界极易实现"同城效应"。超级高铁系统下的亚欧一体化规划图如图 6.19 所示。

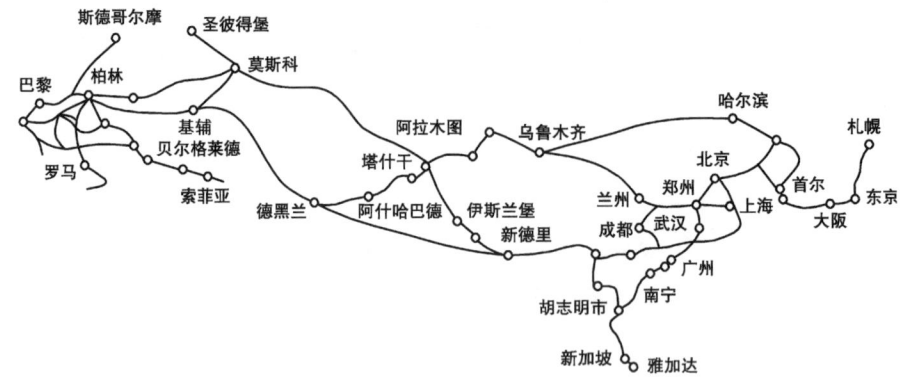

图 6.18　超级高铁系统下的区域一体化

图 6.19　超级高铁环境下的亚欧一体化规划

2. 基于超级高铁的欧非一体化

超级高铁系统下的欧非一体化,可考虑由西班牙铁路通过直布罗陀海峡海底隧道与非洲连接。因此,可参考欧非高速铁路网络,来构建欧非的超级高铁系统网络,具体如图 6.20 所示。

· 6 超级高铁的发展态势 ·

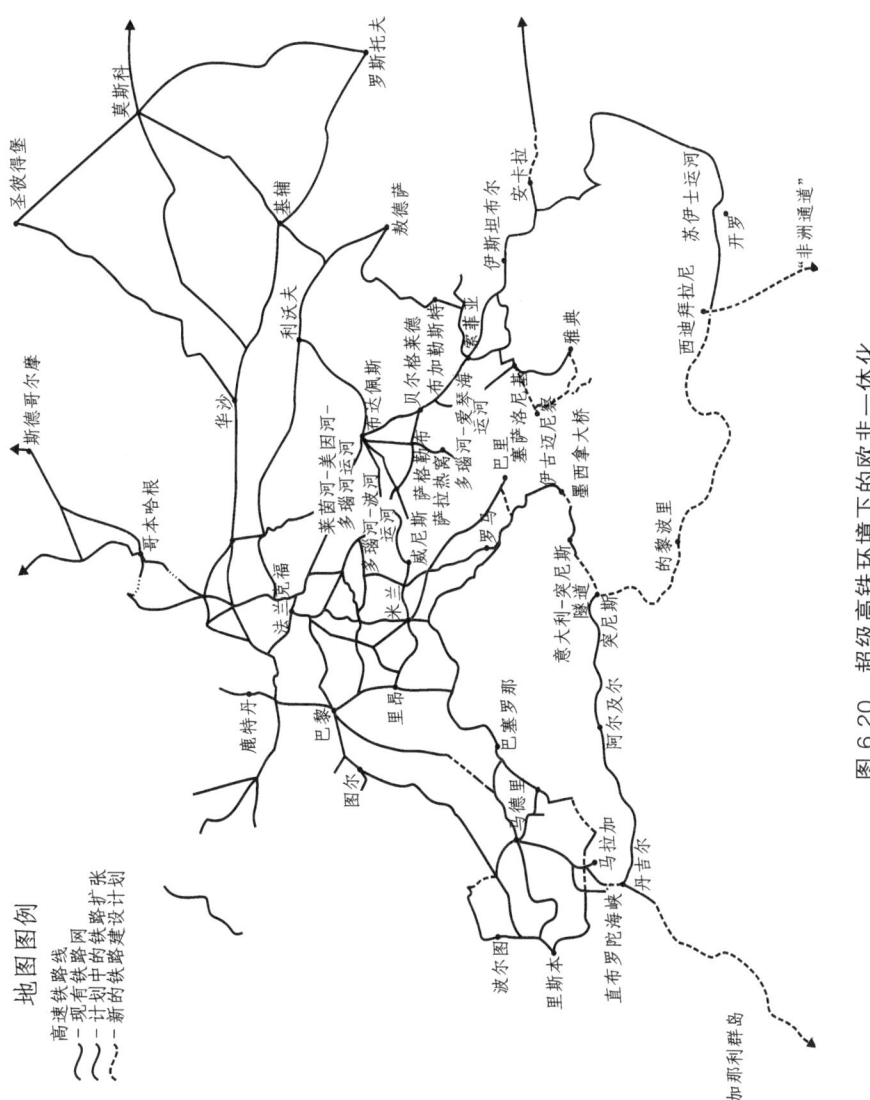

图 6.20 超级高铁环境下的欧非一体化

6.2.3 全球一体化

轨道交通系统相较于其他交通方式，速度不及航空，运载不及货轮，灵活不及汽车，使铁路交通发展在一定时期内相对停滞。然而轨道交通系统的独特性，特别是近几十年高速铁路技术的成熟，轨道交通系统的优越性再次显现。

目前，世界各国的高速铁路实际运营速度大多在 350 km/h 以下，该速度相对于航空来说较低，显然并不足以支撑一个国际范围的交通系统。但是诸如中国、日本、德国、法国、美国等国家对新型高速铁路的研究十分活跃。在可预见的将来，随着技术的完善，超级高铁系统将大力推进，超级高铁系统一定趋近全球一体化，见图 6.21 和图 6.22。

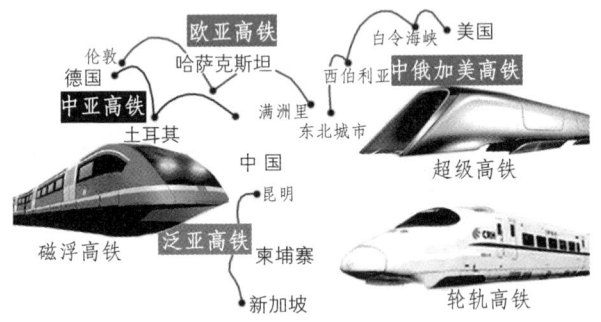

图 6.21 高铁环境下的全球一体化

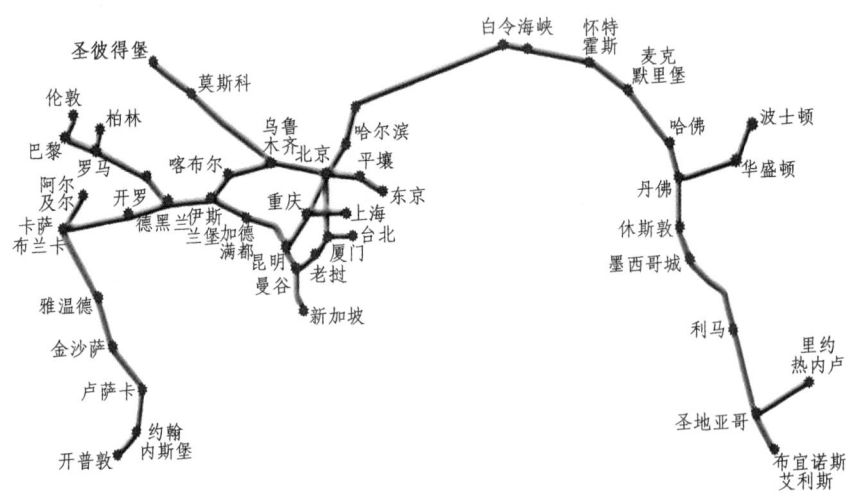

图 6.22 超级高铁环境下的"地球村"

埃隆·马斯克表示，建造洛杉矶到旧金山的"Hyperloop"运输系统，如果该系统只搭载乘客，耗资仅为600亿美元，如果该系统要搭载人、货物和车辆，造价也仅为750亿美元。经测算，在洛杉矶和旧金山之间建设超级高铁的成本只是普通高铁的1/10。洛杉矶和旧金山相距600 km，只需要30 min。每30 s可发一班，每辆搭载28人，算下来单程票价只要20美元。因此，低廉的建设成本、适中的票价，使得超级高铁系统下的全球一体化，也变为了可能。这个全球一体化进程从美国出发，经过加拿大至美国的阿拉斯加，跨过白令海峡，从俄罗斯的西伯利亚进入中国东北，并通过主要线路穿越我国各大主要城市，再从乌鲁木齐进入中亚和中东，最后从西亚进入欧洲。预计的超级高铁全球一体化规划图如图6.23所示。

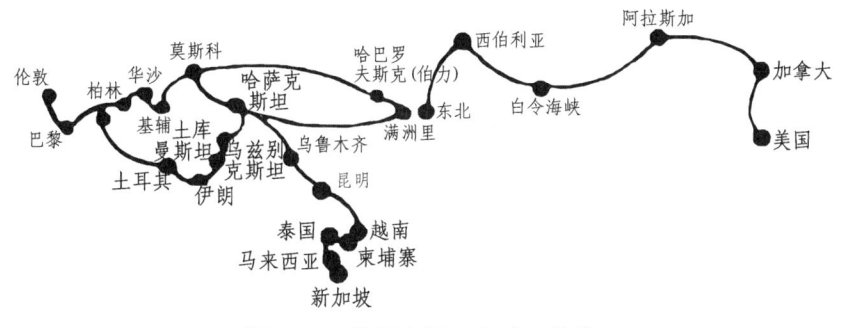

图6.23　超级高铁下全球一体化

6.3　小　结

人们对交通工具速度的追求是永恒的。现在的高速铁路速度可达350 km/h，但是对于追求"时间就是金钱"的人们来说，还远远不够。于是，埃隆·马斯克在2013年提出了"超级高铁"的概念，颠覆传统的轨道交通出行方式，更符合今天快节奏的现代生活。超级高铁系统从提出到试验，仅仅过去了几年，但已经从理念设想到了现实测试，离超级高铁系统的运行越来越近。特别是随着超级高铁技术的成熟，越来越多的国家会参与到超级高铁系统的研发之中，使得超级高铁系统的商业运营变为现实。

超级高铁系统的速度远超高速铁路,因此超级高铁系统的发展对国家及地区发展规划影响重大。超级高铁系统的建立可以尽快实现国家及地区间的一体化,消除国家间由于地理位置限制的影响,加快地区间经济和资源的交流合作。超级高铁系统从国家发展大局上考虑,具有深远的战略影响,这是因为:从战略方面来说,可以保障国家安全;另外,由于建设成本低廉、票价适中,会有更大的客流需求,满足人民的出行要求。因此,从全球发展大局上考虑,超级高铁系统的发展对世界政治和经济有十分深远的影响。超级高铁系统不但可以促进世界一体化发展,而且可以实现"地球村"。

7 超级高铁的案例研究

埃隆·马斯克在提出超级高铁这一概念后,引起了广大专家学者的关注。实际上,早在几年前,就有学者开始研究真空管道运输,而且有些学者进行了相关测试实验研究。由于超级高铁系统的前沿性和战略性,目前很多国家都对其投入了大量资金做进一步的研究。因此,本章分别对美国、中国、俄罗斯、法国的超级高铁系统进行综合分析,使读者进一步了解超级高铁系统的研究现状。

7.1 美国超级高铁的案例研究

超级高铁这一概念是由美国人埃隆·马斯克提出的,美国也成为研究超级高铁的第一个国家。2013年,埃隆·马斯克提出超级高铁计划,他认为超级高铁可以1 200 km/h的超高速度远距离运送乘客。2013年8月12日,埃隆·马斯克将自己提议已久的另一个超高速城际运输"超级回路"(Hyperloop)摆上了台面。埃隆·马斯克表示,"超级回路"是由太阳能供电的超高速城市运输系统,乘客可以在30 min内由洛杉矶到达旧金山。而在2013年,乘客乘坐飞机由洛杉矶到达旧金山也需要1 h。与此同时,一家位于美国科罗拉多州的ET3公司已经开始着手对此进行研发。该公司早前发布了一个叫作Evacuated Tube Transport的项目设想,其原理和实现的效果就是"超级回路"追求的目标。

1. 第一阶段:超级高铁系统的设想

2016年5月12日,美国Hyperloop One公司的超级高铁推进系统首次户外测试成功。测试车辆以相当于 2.5 倍重力的推力加速，在轨道上运行 2 s 后，撞击到 91 m 外的沙堆减速停车。测试车辆的发动机和测试轨道的关系就像是两块互斥的磁铁，在重达 1 500 磅（约合 680.4 kg）的测试车辆开始行驶后，多块磁铁被激活，为测试车辆加速，速度从 0 加速到 96 km/h 仅为 1.1 s，而最高速度将达到 644 km/h。超级高铁系统的测试现场如图 7.1 和 7.2 所示。

图 7.1　超级高铁测试车辆

图 7.2　超级高铁测试车辆运行过程

Hyperloop One 的联合创始人兼首席科技官布罗甘·巴姆布罗甘透露，这是该项目向前迈出的重要一步，同时向世人证明"超级高铁"并非"白日梦"。"超级高铁"推进系统第一次户外测试的成功，让世界看到了"地球交通未来"的曙光。

2. 第二阶段：超级高铁系统的测试

2017年5月，超级高铁系统在位于北拉斯维加斯的测试跑道上进行了"第一阶段"的测试，并完成了首次"全真空条件"的测试。此次测试与2016年5月的测试不同，此次测试的重点是"全真空条件"，测试时间也较短，在真空管道中仅跑了5.3 s，最高速度只有113 km/h。2017年7月29日，超级高铁公司在美国内华达州沙漠完成了对超级高铁系统的第二次测试。在这次测试中，测试轨道被安放在无人沙漠，整个轨道长达500 m。测试使用了全尺寸乘客舱 XP-1，该乘客舱长8.7 m，宽2.4 m，测试车几乎跑完了全程，其中包括一个300 m的加速过程，最高速度达到了310 km/h。测试过程如图7.3所示。

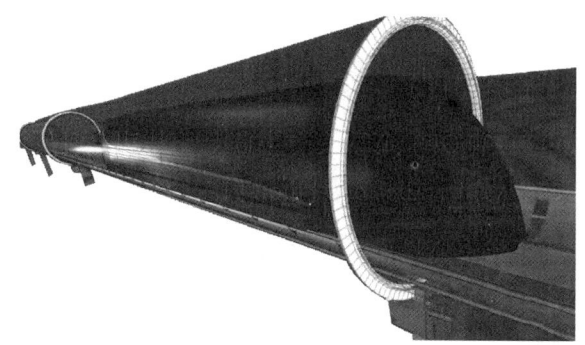

图7.3 超级高铁首次"全真空条件"测试

Hyperloop One 表示，该系统的所有方面，从发动机到电子器件再到真空泵和磁悬浮机制，在测试过程中都运行良好，未来的目标是在可控测试环境中最高速度达到402 km/h，但这需要更长距离的测试跑道，而将来正式运营后的最高速度可能达到805 km/h。

3. 第三阶段：超级高铁系统的实验

2018年10月19日，Virgin Hyperloop One 公司表示已经在美国确定了一条"可行的路线"，这条路线沿着贯穿密苏里州的70号州际高速公路，连接堪萨斯城、哥伦比亚和圣路易斯，如图7.4所示。Virgin Hyperloop One 公司宣称，到21世纪20年代中期，将建成首个搭载乘客的超级高铁。堪萨斯城工程公司 Black & Veatch 对该项工程进行了可行性研究，得到的结论是在密苏里州建设超级高铁实际可行，最低成本为 70 亿～100 亿美元。该项研究还表示，在行驶相同距离的情况下，超级高铁系统的每次驾驶成本要低于燃气成本。

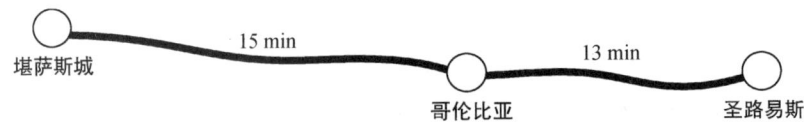

图 7.4　美国密苏里州超级高铁路线

堪萨斯城和圣路易斯之间开车需要 3 个半小时，而乘坐超级高铁旅行则预计只需要 28 min；从堪萨斯城或圣路易斯到哥伦比亚开车需要近 2 h，而乘坐超级高铁旅行则预计只需要 15 min。图 7.5 为设计的超级高铁系统。

图 7.5　美国密苏里州超级列车

4. 第四阶段：超级高铁系统的建设

2019 年 7 月 13 日，Hyperloop One 宣布北卡州"区域交通联盟"（RTA）已经开始探索在该州建设"区域和城市间"的超级高铁。规划中的路线可以在多地设置接入点，包括北卡州立大学附近的罗利市中心、达勒姆市中心、教堂山市中心以及罗利—达勒姆国际机场专线，这里汇集了全美顶级企业、大学和医疗中心，如果在这里建造一条超级高铁线路，就能够让北卡州研究三角区的沿线城市获得优质的房地产资源，此外，还可以显著加快该地区的通勤时间和物流运输，如图 7.6 所示。

图 7.6　美国密苏里州超级高铁测试管道

超级铁路交通技术公司（Hyperloop Transportation Technologies，HTT）在 2017 年 3 月 21 日已经开始建造"超级高铁"的乘客舱（见图 7.7），准备进行超级高铁运行测试。按照预定计划，"超级高铁"的列车每日可以运送 16.4 万名乘客，每 40 s 就可发车一次。这种新式交通系统能够加速到 1 220 km/h，超过绝大部分飞机的最高速度。2017 年 5 月 12 日，美国超级高铁 1 号公司（Hyperloop One）首次在真空环境中对其超级高铁技术进行了全面测试，利用磁悬浮技术，在位于内华达州的测试场地，实现了 113 km/h 的速度，同年 7 月测试速度达到 310 km/h。

图 7.7　HTT 公司已经开始建造"超级高铁"的乘客舱

美国ET3公司经过多年的研究与设计，1999年获得真空管道运输（ETT）系统发明专利。ET3公司车体的动力首选是磁悬浮方式，专利中提到了一种MoPodTM的车辆，其质量只有100 kg，这种车型可以直接从家开到超级高铁车站，然后进入管道中搭载超级列车以高速行驶。MoPodTM车辆的直径1.3 m，长4.8 m，可以搭载6人，满载后只有500 kg，据测算这种车型是效率和成本的最佳比。此外，还有一种MoPodTM车辆比较适合家庭使用，这种车体一般可以搭载两个成年人和部分行李。MoPodTM车辆的能耗只有5 kW，采用内燃机驱动，燃料以可再生能源为主，如表7.1所示。

表7.1 MoPodTM车辆的参数

序号	指标	参数
1	质量/kg	100
2	直径/m	1.3
3	长/m	4.8
4	荷载/人	6
5	满载质量/kg	500

7.2 中国超级高铁的案例研究

多年前中国就开始研究真空管道运输系统。2004年12月29日，中国举行了"真空管道高速交通"学术研讨会，有8名"两院"（中国科学院、中国工程院）院士参与、多名国内权威专家出席。这标志着我国对超级高铁技术探索的开始。2014年，西南交通大学建成了真空管道超高速磁悬浮列车原型测试平台。不过碍于实验环线的半径仅有6 m，当时测试车辆的最高速度只达到了50 km/h。2017年8月29日，中国航天科工集团有限公司（简称航天科工）在武汉宣布，已启动速度1 000 km/h"高速飞行列车"的研发项目。航天科工后续还将研制最大运行速度2 000 km/h和

4 000 km/h 的超级列车。2017 年 9 月 3 日，北京交通大学国家超级高铁实验室准备在烟台开发区先期建设一条长度为 1 km 的超级高铁试验线和中试车间，加强真空管道高速磁浮交通技术研究，争取在超级高铁技术领域取得重大突破，积极推动产业化进程。

1. **第一阶段：超级高铁系统的设想**

2011 年，西南交通大学教授赵勇带领团队研发出世界上第一套"真空管道磁浮车实验系统"。这是全球第一个同时结合真空管道、磁悬浮及线性驱动的完整真空管道试验设备。2013 年 3 月，在赵勇的带领下，他的团队于 2013 年 3 月便研制出了最初的高温超导磁悬浮（HTS）测试环线，后来再加入真空管道，成为世界上首个真空管道运输（ETT）系统。

2. **第二阶段：超级高铁系统的测试**

2014 年，西南交通大学建成了真空管道超高速磁悬浮列车原型测试平台。2015 年年底，第二代高速环线设备建成，研发团队将轨道铺在管壁上，形成"壁挂式"磁悬浮列车，能有效解决实验室中轨道半径太小所带来的离心力问题，常压下的实验车平均速度已经提升至 82.5 km/h，且团队成功将管道真空的极限压强降到了 1 335 Pa（一个大气压等于 101 325 Pa），这相当于抽掉了管道中 99% 的空气。

3. **第三阶段：超级高铁系统的愿景**

中国航天科工集团有限公司将按三步走方案研发高速飞行列车。2019 年 8 月 30 日，在武汉举办的第三届中国国际商业航天高峰论坛上，中国航天科工集团有限公司表示，中国航天科工集团有限公司开展了"高速飞行列车"的研究论证，拟通过商业化、市场化模式，将超音速飞行技术与轨道交通技术相结合，研制新一代交通工具，并利用超导磁悬浮技术和真空管道，致力于实现超音速的"近地飞行"。中国"高速飞行列车"理念图如图 7.8 所示。

筑梦超级高铁

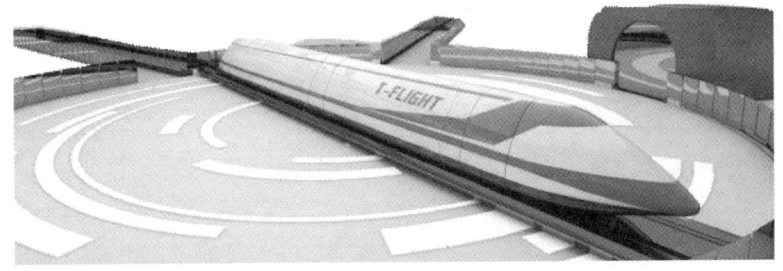

图7.8 中国的"高速飞行列车"

第一步，低音速阶段：1 000 km/h。2020年前完成关键技术突破；2023年前完成全系统演示验证，同步形成速度600 km/h载人能力，研制出最大运行速度1 000 km/h的列车，建设区域性城市飞行列车交通网。

第二步，高音速阶段：2 000 km/h。2027年前，研制出最高速度2 000 km/h的列车，建设国家超级城市群飞行列车交通网。

第三步，超音速阶段：4 000 km/h。研制出最高速度4 000 km/h的列车，建设"一带一路"飞行列车交通网。

中国航天科工称，相比传统高铁，高速飞行列车运行速度提升了10倍；相比现有民航客机，速度提升了5倍，最大速度可达到4 000 km/h，是人类对交通工具速度极致追求的一大进步。高速飞行列车不仅拉近了城市之间的时空距离，同时它具有不受天气条件影响、不消耗化石能源、可与城市地铁无缝接驳等诸多优点。超级高铁系统是未来交通领域的发展趋势，如图7.9所示。

图7.9 中国超级高铁系统示意图

7.3 俄罗斯超级高铁的案例研究

俄罗斯是世界上国土面积最大的国家，对长距离运输需求较大，这项超级高铁交通运输项目将是一个浩大的工程。2015 年 3 月，俄罗斯提出了一个雄心勃勃的计划，准备修建一条从美国阿拉斯加到伦敦的超级高铁，如图 7.10 所示，全长将达 2 万千米，从伦敦乘坐列车直达阿拉斯加将不再是梦想。

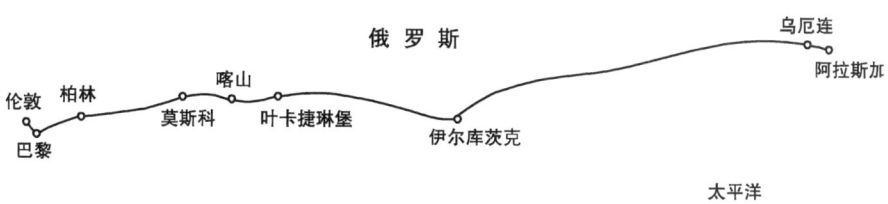

图 7.10　俄罗斯超级高铁计划路线

俄罗斯铁路股份公司总裁 Vladimir Yakunin 提出了名为"跨亚欧带开发"（TEPR）的方案。这条线路在俄罗斯境内和横贯俄东西的干线——西伯利亚大铁路路线相似，也将途经叶卡捷琳堡、伊尔库茨克和符拉迪沃斯托克（海参崴）等市。这条铁路将连接欧洲现有的铁路网络，同时也让俄罗斯远东地区的通行更加便利。另外，俄罗斯还考虑沿石油与天然气输送管道修建一条高铁线路。铁路网可能延伸到俄罗斯远东的楚科塔地区，跨白令海峡直至阿拉斯加，从英国坐火车抵达美国将成为可能。

2016 年 5 月中旬，俄罗斯交通部部长马克西姆·索科洛夫在索契举行的新闻发布会上表示，目前俄罗斯在技术上已经有了储备，有很大兴趣建造一项类似埃隆·马斯克提出的超级高铁那样的大规模运输项目。圣彼得堡国立交通大学官员扎伊采夫称，这条超级高铁第一部分将连接相距近 650 km 的莫斯科和圣彼得堡两地。根据西方的价格标准，实施该项目将花费 210 亿美元，但俄罗斯计划最多花费 120 亿～130 亿美元。在初始阶段，项目得到国际经济发展服务运营商 Gordon Atlantic 的经济支持，已开发出能够承受任何座舱重量的磁悬浮技术，后续将讨论是否把站台和管道都设在圣彼得堡，并对外开放。同时俄罗斯铁路公司将考虑与美国超级高铁公司 Hyperloop One 合作，从而获得技术支持。目前，他们已经和 Hyperloop One 成立了一个联合工作组，研究共同开发超级高铁的可能性（见图 7.11）。

图 7.11　俄罗斯准备超级高铁测试现场

7.4　法国超级高铁的案例研究

面对各国在超级高铁系统方面的成就，法国也提出了自己的超级高铁计划。法国预计到 2025 年完成建立属于自己的超级高铁系统。法国的超级高铁系统将采用气垫悬浮技术来作为推动力。气垫悬浮列车最早出现在法国，该领域的技术先驱就是法国科学家吉恩伯庭，1974 年 3 月 5 日，他研发的气垫列车创造了平均速度 417 km/h 的记录，瞬时最高速度达到了 430.4 km/h。相对于现在的高铁采用磁悬浮技术，法国的气垫悬浮技术能够让列车在气垫的作用下，形成管道气垫效应，使列车最大限度地浮起来，在气垫的作用下，列车可以保持笔直的方向运行。

2018年4月，欧洲首个超级高铁的测试跑道在法国图卢兹开始建设，超级高铁交通技术公司（HTT）已经将首批轨道管运至位于法国西南部的研究中心，这家研究中心首条用于承运旅客和货物的高铁网络修建工程正式启动。法国超级高铁系统的测试轨道如图7.12所示。

图7.12　法国超级高铁测试轨道

HTT公司表示，即将展开长达320 m和1 km测试路线的真空舱实验，用以测试真空环境和悬浮技术。该批管道设计用途主要针对货运和客运，管道内径4 m，2018年年底已展开第一阶段测试，之后将会进行长达1 km的全尺寸系统测试，届时真空管道将会架在5.8 m高的架桥上。这两个测试管道均可以升级，并供HTT公司和合作公司使用，如图7.13～图7.15。

图 7.13　法国超级高铁测试路线

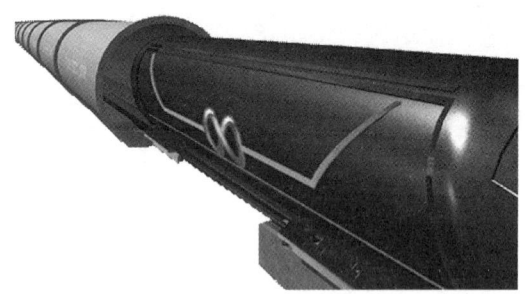

图 7.14　法国测试中的超级高铁系统

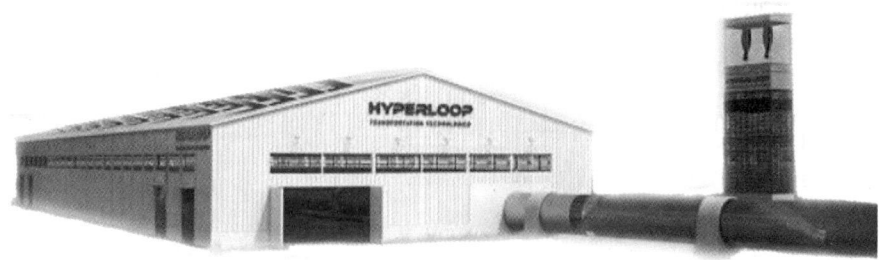

图 7.15　HTT 公司实验场地

7.5 小　结

高速是人类永恒的追求。但超级高铁系统代表的不仅仅是高速，而是一个高效、安全、舒适、经济、低碳、环保的交通运输系统。超级高铁系统如今已经不仅是一个概念，它已经发展成为一项技术革命，并促进了社会进步和人类发展。

随着生活水平的提高，人们不再只关心是否能快速到达目的地，旅行过程也成了出行的重要一环。超级高铁系统也不是简单优化人们的出行体验，而是要彻底对其进行革新。所以，超级高铁系统的建设目标不只是在速度上超越飞机，更是打造一种全方位的新型出行体验，在舒适度和便捷性上全面超越飞机，带给人们一种更为舒适、愉悦的出行体验。

参考文献

[1] 张菲菲，晓诗，人民网. 未来"胶囊"高铁/纽约到北京 2 小时[J]. 青海科技，2015（2）：65-66.

[2] 杨慧君. 超级高铁：高速航天器的跨界演出[N]. 中国航天报，2016-05-21（4）.

[3] 刘霞. 未来交通"星"宠[J]. 知识就是力量，2016（4）：30-35.

[4] 张配豪. "超级高铁"能否顺利出发[J]. 人民周刊，2016.

[5] 谷江敏. 秒杀磁悬浮的交通工具——超级高铁[J]. 中国经济报告，2016.

[6] 胡启洲，李香红，曲思源. 高铁简史[M]. 成都：西南交通大学出版社，2018.

[7] 汤友富. 超级高铁发展趋势及关键问题分析[J]. 铁道建筑技术，2019（4）：1-4.

[8] 李忠东. 世界新奇车站（四十一）[J]. 铁道知识，2019（3）：32-39.

[9] 边群. 美国"超级高铁"完成首次测试中国也在开展相关研究[J]. 理论视野，2016（5）：88.

[10] 佚名. 迪拜欲建设超级高铁货运列车：悬浮吊舱时速达 1223 公里[J]. 信息技术与信息化，2018（5）：16.

[11] 佚名. 中国超级高铁引发外媒关注测试阶段可靠性不容忽视[J]. 环境技术，2018，36（2）：1-2.

[12] 赵玲. 未来交通在敲门[J]. 中国科技奖励，2018（7）：37-39.

[13] 佚名. 海底真空超级高铁[J]. 办公自动化，2017，22（9）.

[14] 中铁第五勘察设计院集团有限公司. 铜仁市真空管道超级高铁产业

园及试验线项目方案研究[R]. 北京：中铁第五勘察设计院集团有限公司，2018：1-65.

[15] 张枭翔. 中国航天科工研究论证高速飞行列车：最高时速4000公里[EB/OL]. https://www.thepaper.cn/newsDetail_forward_1778712.

[16] 刘仲波，王彦新，王茉莉. 现代新型轨道交通发展研究[J]. 价值工程，2018，37（32）：236-237.

[17] 杨旭然. 巴姆布罗甘 Hyperloop 出走的灵魂[J]. 英才，2017，5：144-45.

[18] 李艳. 全球首条超级高铁落户迪拜[J]. 中国商界，2017（5）：118-121.

[19] 周大进. 高速环形管道SS-HTS磁悬浮列车系统研究[D]. 成都：西南交通大学，2017.

[20] 佚名. 胶囊列车试运行音速空气动力火车概念或将成真[J]. 西部交通科技，2017（10）：3.

[21] 佚名. 美国"超级高铁"开建最高时速1220公里[J]. 交通工程建设，2017（1）：1.

[22] 吴磊. 真空管道磁悬浮列车的承载管道研究[D]. 成都：西南交通大学，2011.

[23] 陈绪勇. 真空管道磁悬浮列车空气动力学问题仿真分析[D]. 成都：西南交通大学，2013.

[24] ABDELRAHMAN A S, SAYEED J, YOUSSEF M Z. Hyperloop Transportation System: Analysis, Design, Control, and Implementation[J]. IEEE Transactions on Industrial Electronics, 2018（99）：1.

[25] OSTER D, KUMADA K, ZHANG Y P. Evacuated tube transport technologies（ET3）tm: a maximum value global transportation network for passengers and cargo[J]. Journal of Modern Transportation, 2011, 19（3）：42-50.

[26] BRAUN J, SOUSA J, PEKARDAN C. Aerodynamic Design and Analysis of the Hyperloop[J]. Aiaa Journal, 2017, 55（7）：1-8.

[27] ZHANG Y P, OSTER D, KTLMADA M, et al. Key vacuum

technologies to be solved in evacuated tube transportation[J]. Journal of Modern Transportation，2011，19（2）：110-113.

[28] LEE J S，KIM J H. Approximate optimization of high-speed train nose shape for reducing micropressure wave[J]. Structural and Multidisciplinary Optimization，2008，35（1）：79-87.

[29] 人民网. 美国超音速空气动力火车试运行[J]. 科学家，2017，5（10）.

[30] 王海洋. 真空管道交通系统高速运行时的气动特性和能耗分析[D]. 长沙：湖南大学，2018.

[31] GOEVERDEN K V，MILAKIS D，JANIC M，et al. Analysis and modelling of performances of the HL（Hyperloop）transport system[J]. European Transport Research Review，2018，10（2）.

[32] 王俊卿. 时速1200公里胶囊列车已投产 2020年投入运营[J]. 华东科技，2017（6）.

[33] 佚名. 美国"超级高铁"乘客舱预计明年初完工，最高时速超过飞机[J]. 商业文化月刊，2017（10）：42.

[34] OLIVEIRA G C，LIPPI G，SALVAGNO G L，et al. Management of preanalytical phase for routine hematological testing：is the pneumatic tube system a source of laboratory variability or an important facility tool[J]. International Journal of Laboratory Hematology，2014，36（4）：37-40.

[35] THOMPSON，CLIVE. The Next Pipe Dream[J]. Smithsonian，2015，46（4）：17-18，20，23.

[36] ALEXANDER H W，GRAHAM B，NORDBACK K. Counting Bicyclists with Pneumatic Tube Counters on Shared Roadways[J]. Institute of Transportation Engineers. 2014，84（2）：32-37.

[37] 陈茜. 超级高铁引领未来新时速[J]. 现代工业经济和信息化，2013，17（13）：80-81.

[38] "超级高铁"：车厢真空管道中飞驰[J]. 机械工程师，2013.

[39] 美国2016年开建超级高铁：时速700 km/h 预计8年后盈利[J]. 中国

战略新兴产业，2015.

[40] JACK H. READY FOR TAKEOFF[J]. Smithsonian，2016，47（2）：88，90-96.

[41] 超级高铁：像炮弹那样前进[J]. 大众科学，2016.

[42] DAVYDOV S Y，KOSYREV N P，VALIEV N G，et al. Theoretical Studies of the Unloading of Containers in the Pneumatic Transport Systems of Today and Tomorrow[J]. Refractoriesand Industrial Ceramics，2013，54（3）：178-187.

[43] 从纽约到北京 2 小时——"超级胶囊"高铁将发车[J]. 人民文摘，2013.